比丘

肉身覺醒

此生是蛹
來世要化成
遍山的蝴蝶。

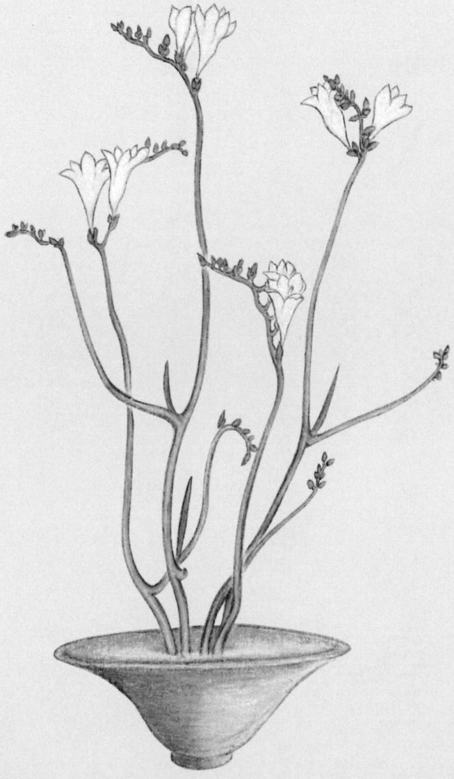

自序

肉身覺醒

在加護病房幾天，看到許多肉身送進來、又送出去。肉身來來去去，有時時間很短。肉身旁邊守候著親人，焦慮、哭泣、驚慌。

肉身送出去的時候，蓋上被單，床被推走，會聽到床邊親人無法抑止地大聲嚎啕的聲音。

隔著圍屏，或隔著牆，隔著長長的走廊，哀號的聲音傳來，還是非常清晰。

肉身的來來去去很快，有時候一天會聽到好幾次哭嚎的聲音。

如果在深夜，那聲音聽起來，特別悽愴荒涼，在空洞的長廊裡，留著久久散不去的縈繞糾纏的回聲。

我低聲誦經，在無眠的暗夜，好像試圖藉著朗讀經文的聲音，與那久久不肯散去的回聲對話。

「身壞命終，又復受身——」

《阿含經》說到肉身敗壞，生命終了的時刻，卻又恐懼悲憫著還會有另外一個肉身在等待著。

「身壞命終」的時刻，我會希望還有另外一個新的肉身來接續這敗壞已經不堪使用的肉身嗎？

好像古代的埃及人，非常固執堅持要保存「肉身」。他們用各種嚴密的方法，把肉身製作成木乃伊，存放在牢固的巨石的棺槨中，封存在巨大的金字塔裡。

我走進過三千四百年前的吉薩金字塔，木乃伊被移走了，冰冷、狹長、幽暗的陵墓甬道，也只有自己孤獨單調的腳步的回聲，走過數千年的甬道，好像回答仍然是肉身何去何從的困擾迷惑。

埃及人相信死亡是「靈」（Ka）離去了，所以要好好守護肉身。

肉身不朽，肉身不腐爛，肉身不消失，等待「靈」回來，就可以重新復活。

木乃伊的製作非常嚴密，取出容易腐爛的內臟，心、肺、肝、腸胃、腦，分別用不同的罐子封存。空空的肉身，用鹽擦拭，去除水分，塞進香料防腐藥草，縫製起來，再用亞麻布一層一層包裹。

最後戴上黃金面具，配帶胸飾珠寶，像圖坦卡門的木乃伊，套著一具又一具棺槨，棺和槨的形狀，都是圖坦卡門的像，儼然還是原來肉身的模樣。

不朽，就是肉身存在。古代埃及人堅持肉身必須完整存在，才有生命。

木乃伊如果製作失敗，肉身還是會腐朽，埃及人就雕刻了巨大堅硬的雕像。石像笨重不好用，但還是可以勉強代替肉身。

埃及的雕像因此嚴肅、端正、沉重，肉身直直地凝視著死亡，不敢有一點閃失輕率。

肉身功課

我在印度恆河岸邊看到處理肉身的方式卻與古代埃及完全不同。

古印度的肉身充滿動態，打破埃及的中軸線規則，肉身豐腴，飽漲著性的原始慾望。肉身像熱帶的果實，流溢著甜蜜熟爛的汁液，好像知道生命短暫虛幻，要在消逝以前盡情讓肉身享樂。

古代翻譯成鹿野苑的城，在瓦拉納希（Varanasi）附近，是佛陀悟道以後第一次為大眾說法的地方。

我對佛國淨土有不實際的幻想，第一次到了現場，才發現沿河原來都是火葬場。悟道的開示，畢竟是要從這麼具體的肉身的存在與幻滅開始說起的吧。

河邊一座一座篝木架成的床，有些簡陋草率，有些繁複講究，上面都躺著一具等待處理的肉身。

肉身四周堆放鮮花。親人朋友環繞，誦念祝禱，僧侶作法，燃起篝火。火光熊熊，濃煙一卷一卷升騰，肉身焦苦煎熬，彷彿在火光中嘶叫，空氣中都是肉身的腐爛濁臭混合著鮮花甜熟糜爛的氣味。

「身壞命終，又復受身——」

《阿含經》的句子變成了具象的畫面。肉身敗壞，燒焦、斷裂，頭、手、足、軀幹，隨灰燼一起推入大河。大河浩浩蕩蕩，漂流許許多多的「身壞命終」的肉身。

同時，黎明日光初起，有婦人懷抱新生的嬰兒，走進大河沐浴。親友環繞，誦念祝福。同一條河流的水，安息肉身的結束，也淋灑在嬰兒頭上，迎接肉身的開始。

在這河邊說法，「身壞命終」，就有了現成的教材吧。

原來，「肉身」是要做「肉身」的功課的。

從原始佛教來看，「身壞命終」之後，期盼修行到「不復受身」。不再有肉身，不再接受新的肉身，不再重回人間，所以用「解脫」來說死亡。

「解脫」是說——像解開鈕扣、脫去衣服一樣，不再受肉身牽累。

如果，還有「肉身」，是因為「無明所繫，愛緣不斷」。

還有「愛」，還有「緣分」，牽連不斷，這個肉身就還會再回來，尋找新的肉身，再一次受肉身的生老病死之苦。

我聽到病房走廊的聲音來來去去，是那些「愛緣不斷」的肉身在踟躕徘徊不去嗎？

朋友嘲笑我，修行到「不復受身」，談何容易。

一點點牽掛，一點點放不下的愛戀，一點點捨不掉的貪癡，一點點緣分捨不掉，就又要回來了。

我總覺得長廊盡頭，有許多賴在門口不走的肉身，因為還有什麼東西沒有帶，還有什麼事情沒有辦好，或著，因為親人的哭聲哀嚎，愛、恨，都捨不得，使那已經走到門口的肉身又要回頭了。

「身壞命終，又復受身——」

我愴然一笑，知道自己也是不容易俐落走掉的肉身之一。

曾經跟父親的肉身告別，覺得是艱難的功課。幾年後，跟母親的肉身告別，更是艱難的功課。

然而，我知道，還有更艱難的功課要做，有一天，必然要和自己的肉身告別吧。

跟自己的肉身告別，會是一個什麼樣的場景？

肉身缺席

我曾經訝異中國美術漫長歷史裡「肉身」的缺席。

走進西方的羅浮宮、大英博物館，無論埃及、美索不達米亞、希臘、羅馬、基督教文明、印度，都是以「肉身」作為美術的主體。

西洋和世界美術，多是一個一個「肉身」的故事，維納斯從海洋中升起的美麗的肉身，基督釘死在十字架上受苦的肉身，悉達多坐在樹下冥想的肉身，愛染明王貪嗔痴愛的肉身——

那麼多「肉身」的故事，使人讚歎歌哭，驚心動魄。

然而，走進故宮，幾乎看不到肉身的存在。

肉身變得非常渺小，小小一點，隱藏在巨大的山水之中，山巔水湄，一個渺小的黑點，略略暗示著宇宙間還有肉身存在。

然而，肉身太小了，小到看不出姿態表情，不知道這肉身是哭還是笑，是歡樂還是憂傷。

如果拍攝電影，把鏡頭拉遠，人變得很小，就看不見肉身的喜怒哀樂了。

東方的長鏡頭美學，仍然在山水裡說著肉身在宇宙間尋找定位的寧靜哲學。

西方的鏡頭，卻常常是逼近的特寫，逼近到可以清楚看到臉上每一絲皺紋，看到暴怒時眼角的紅絲，看到肉身顫慄、怖懼、痙攣，看到肉身貪婪、狂喜、癡騃。

肉身沒有迴避肉身的功課，肉身煎熬、受苦，或許是肉身覺醒的起點吧。

這個肉身，或許不只是在做這一世的功課。

在長廊甬道的盡頭，我總覺得自己的肉身裡有古代埃及的基因，恐懼肉身消失的緊張沉重，那是數千年前肉身遺留的記憶嗎？

封存在石棺裡，等待「靈」的歸來，等待「魂魄」歸來。然而，好幾個世紀過去，沒有等到Ka，等到的是盜墓者，他們挖墓掘墳，盜走珠玉金飾，肉身被遺棄，在幽黑的墓穴一角，聽著匆促的腳步聲漸行漸遠。

如果我的肉身生死流轉，從古代埃及到了兩三千年前的希臘，我會是運動場上帶著桂葉頭冠的選手嗎？

雅典國家考古博物館裡有許多墓碑，全身赤裸的男子，輕輕把桂葉冠放在頭上，不知道他肉身結束在幾歲，然而雅典人堅持在墓碑上鐫刻自己在青春完美時刻的肉身。他們的肉身就在此時此刻，他們不等待，沒有時間等待，肉身在青春數年間達到極限的完美，這就是不朽了。

我一直覺得身體裡有一個少年伊卡魯斯（Icarus），背上裝了蠟做的翅膀，不知死活，高高飛起，試圖親近太陽的高度。

我驚叫著墜落，看到蠟的融化，翅翼散落，伊卡也做完了他悲壯的肉身功課嗎？

肉身覺醒

如果我是伊卡，從希臘高高的空中墜落，肉身重重摔在土地上。夢醒了，摔在中國的黃土高原上，忘記了曾經有過的高高飛起的渴望，肉身踏踏實實貼近依靠泥土。像泥土一樣髒，一樣卑微，這肉身來自塵土、又歸於塵土。

最像泥土的肉身是中國上古遺址裡出土的俑。在陝西半坡、甘肅馬家窯，許多土俑只是初具人形。五官眉眼都很模糊，甚至只有一個頭，肉身只是一個瓶罐。

沒有埃及的威嚴壯大，沒有對抗死亡、凝視死亡的莊嚴專注。一個泥土隨意捏出的人形，對自己肉身存在的價值好像毫無自信，無法展現希臘肉身在運動裡鍛鍊出來的骨骼肌肉的完美，也無法像印度，在極致放縱官能享樂裡，發散出肉體飽滿豐腴的誘惑。

走過埃及、走過希臘、走過印度，在漫漫黃土的大地上，我的肉身茫然迷惑，不知道自己存在究竟有什麼意義。

那些來來去去的肉身魂魄，各自用不同的方式說著他們肉身的故事。

然而，我在茫然迷惑裡，好像長長的甬道盡頭，沒有光，沒有出口，彷彿一場長長困頓的睡眠，等待覺醒，卻總是醒不過來。

看到自己的肉身，吊掛著許多點滴，貼著膠布，各種儀表記錄器嗶嗶的聲音響著。

我看到黃土窯洞裡鑽出一個人，灰撲撲的，初具人形，眉眼模糊，不知喜怒哀樂，跟遺址出土的土俑一模一樣。

「這是一個人嗎？」

我固執驕傲、自大、貪於愛美、尊嚴的肉身，卻在這麼卑微的肉身前面，起了巨大震動。

我知道，肉身的功課，或許沒有做完，也沒有做好。

許多賴在甬道門口，扒著門框，不肯離去的肉身，一點也不悲壯尊嚴，一點也不驕

傲自信。

使我深深咀嚼著「好死不如賴活」這麼粗鄙的民間諺語。

這麼粗鄙，卻這麼真實。

肉身能夠像尸毗王，為了救下一隻鴿子，把身上的肉，一片一片切割下來，餵給老鷹吃嗎？

肉身可以像薩埵那太子，投身躍下懸崖，粉身碎骨，把這身體餵給飢餓的老虎吃嗎？

敦煌壁畫裡一幕一幕捨去肉身的圖像，與甬道裡匆匆忙忙、來來去去的許多肉身交錯而過。

我在尋找自己的肉身，想要跟自己好幾世、好幾劫來的肉身相見相認。

二〇一一年九月十二日中秋

目錄

【輯二】

肉身覺醒

肉身覺醒——關於人體美學的思維

長久以來，
人類一直在思考
「人」之所以為「人」的理由。
人從什麼時候開始
凝視自己的形貌？
人從什麼時候開始
思維自己的形貌？

肉身初始

長久以來，人類一直在思考「人」之所以為「人」的理由。

在初始的天地洪荒之中，人，站立了起來，用自己的下肢，開始行走。

他看看天上高飛的禽鳥，他又看地上奔跑的野獸。而後，他走到水邊，看水中游動的魚、蝦、蟹。

水紋晃動，他也在水中看到了自己的倒影。

人從什麼時候開始凝視自己的形貌？

人從什麼時候開始思維自己的形貌？

不同於天上的禽鳥，地上的走獸；不同於水中的游魚。

在晃漾的水紋中，這個初始的「肉身」，看起來，既熟悉，又陌生。

這個初始的「肉身」，既是欣喜，也是悲痛，既是驕傲，也充滿了恐懼。

人類開始意識到「肉身」的存在，開始凝視「肉身」，開始觀察「肉身」的種種現象，開始思維「肉身」的意義與價值。但是，作為一種存在，「肉身」非常具體，並不是思維所能替代。

人的「肉身」中，還有許許多多動物的遺留。憤怒時會暴露出尖銳的齒牙，恐懼驚慌時瞪大茫然呆滯的眼睛，緊張時口鼻急速的喘息，痛苦時肌肉的繃緊痙攣，喉管的呻吟或吶喊；飢餓時胃腸空乏轆轆的絞動，以及膀胱或肛門排泄尿糞的壓力，乃至於性的器官亢奮不可遏止的慾望……

肉身種種，並沒有離開動物太遠。

也許稍有不同的，只是心中喜悅，牽動了嘴角淡淡的微笑；也許心中辛酸哀傷，眼角流出汩汩的淚水；也許，性慾亢奮過後，有感知相互體溫的靜靜的擁抱安慰。

人之異於禽獸，也並不在「肉身」之外。

早在許多宗教與哲學之前，人類已經在岩石上用手，用刀，用形狀在思考「肉身」。

在美術造形歷史上來察考，人類有漫長思維「肉身」的經驗。

為什麼要在堅硬的石塊上雕刻出「肉身」的形狀？

在中部歐洲發現的女體「威廉朵夫的維納斯」肉身，已經有上萬年的歷史。

一個五官模糊不清的小小頭部，一對非常巨大飽滿的乳

房，一個渾圓寬廣的肚腹與臀股。

這個女體肉身，明顯地說明著「肉身」在「生殖」上的意義。

「肉身」的第一個意義是「生殖」，是繁衍更多的肉身。

女性的乳房與肚腹成為肉身價值的首要標幟。

「肉身」最早的「覺醒」，只是對生命繁衍意義的認同罷。

從女性肉身生殖的形象崇拜，轉換到男性肉身的生殖崇拜，大約開啟了美術史上人體雕塑或繪畫的最早範例。

生殖，或許很確定是人類認識到肉身存在意義的第一項價值。

但是，生殖的肉身意義是和「死亡」牽連在一起的。

死亡是肉身的毀滅、敗壞、中止，生殖是肉身的繁衍、擴大、延續。

許多古老民族動人的神話、宗教、哲學都從凝視死亡開始。

凝視死亡是肉身覺醒的反向思考。

凝視死亡

人類對「肉身」的思維，在肉身死亡的現象前遇到了巨大的難題。

或許，直到目前為止，人類並沒有真正認識「死亡」。

我們一般談論的「死亡」，也只是「死亡」之前的種種現象而已。

真正經歷「死亡」的人，並沒有留下任何對「死亡」的描述。因此，長久以來，人類也大多只是在「揣測」、「虛擬」死亡而已。

古老的埃及人是專注於凝視死亡的民族。

尼羅河自南向北入海，古埃及在河流東西兩岸建立了王國。活的人都住在東岸，死亡的儀式便是把「肉身」從東岸運到西岸去埋葬。

東岸是日出的方向，西岸是日落的方向。

肉身如同大地上的日出日落，從黎明初始，如日中天，到夕陽餘暉，入於暗夜。死亡便如同黑夜，是光的消失。

古老的埃及相信「死亡」是「靈魂」（Ka）從「肉身」出走。因此必須好好保存「肉身」，等待Ka的回來，也即如同在暗夜中等待黎明，等待「肉身」的復活。

古代埃及人處理「肉身」的方式為製作木乃伊，過程繁複細緻，使「肉身」可以「不朽」（不腐爛消失），可以靜靜等待Ka的歸來。

十七、十八世紀之後，西歐的考古學者陸續打開古代埃及的金字塔，取出一具一具的木乃伊。

這些靜止的「肉身」，沉睡了三、四千年，並沒有等到Ka的歸來；「肉身」並未覺醒，「肉身」只是靜止在死亡之中。

木乃伊是否「不朽」了？

古埃及的文明以「肉身」的「不朽」對抗死亡。

木乃伊失敗的例子仍然很多，「死亡」也仍然威脅著活著的生命。於是，埃及人選擇了堅硬的花崗岩，把「肉身」雕刻在石塊中，「肉身」憑藉著石塊的堅硬牢固長久存在，

「肉身」有了留在人世間的代替品。

古埃及的雕刻圍繞著「人」的主題，圍繞著「死亡」的主題。

彷彿「肉身」蟬蛻而去，遺留下一具一具「肉身」的形骸。

埃及人對這些形骸眷戀甚深。巨大、雄偉，嚴肅而端正，埃及的雕像有「肉身」凝視死亡的永恆意義。這些雕像站立著，兩手緊貼身側。雙手半握拳，掌中常握著通向死亡的符咒經卷。左腳在前，右腳在後，隱喻著向「死亡」的通行。

美術史上常常提到古埃及人像「中軸線」與「兩邊對稱」的幾何性原理。

「中軸」、「對稱」的幾何形式，在置放這些雕像的陵墓建築——金字塔中，表現得更為明顯。幾何的角錐形式，彷彿是古埃及文明濃縮成的「死亡」符號，永恆靜止，在漫漫的時間風沙中，豎立著悲愴而又絕對莊嚴的存在。

在埃及，有關「肉身」覺醒的故事是非常悲劇的。

大神奧西力斯與妹妹伊西絲結為夫婦，生下一子名伏爾斯，開始了人類的繁衍。

惡神塞特，因為嫉恨奧西力斯，將其殺死，遺屍尼羅河畔。

伊西絲撫屍痛哭，眼淚流成尼羅河每一年的氾濫，帶來了肥沃的泥土，繁榮了農業。伊西絲被奉為河神、農神，也是大地之母。

塞特則仍然充滿報復之心，趁伊西絲前去尋找伏爾斯時，將奧西力斯的屍體毀壞，撕成碎片，散棄於尼羅河中。

「肉身」散失，不再完整存在，伊西絲傷痛欲絕，開始沿河尋找，一片、一塊，將「肉身」找回，以針線縫補連接，誓願從屍體的碎片中，重新復原奧西力斯的「肉身」。

伊西絲對「肉身」的堅持，感動了天上諸神，替她完成誓願。諸神以亞麻布包裹屍體碎片，搧起生命之風，奧西力斯復活了。頭上帶著死亡的印記，成為冥世之王。

這個神話裡充分保存了古埃及文明對「肉身」的執著。

「肉身」覺醒，在於「肉身」的存在。執著「肉身」，堅持「肉身」的不朽，因此使古埃及的人像藝術發展出輝煌的成績。

埃及藝術中的「肉身」之美，如同復活後的奧西力斯，帶著「死亡」的印記。

是通過對「死亡」的凝視，產生了對「肉身」的執著、不捨。

將「肉身」冰封於靜止的時間之中，等待復活的召喚。

肉身諸神

希臘的人體藝術自公元前八百年以後逐漸崛起。

早期的希臘人體藝術還明顯受到古埃及的影響，兩手夾緊在身體兩側，身體平板，左腳在前，右腳在後。

但是，仔細觀察這些人體，發現在埃及幾何式的塊面中出現了較多的細節。

膝蓋的關節不再僵直，胸部的肌肉微微起伏，有著彷彿呼吸的律動；手臂的肌肉有了解剖學上更精準的描寫。整個人體，雖然還無法動作，但已富有真實「肉身」運動的渴望，充滿了彈性。

彷彿在漫長的靜止之後，冰凍的「肉身」開始溶解軟化。從僵直到柔和，從冰冷到溫暖，從呆板到富於表情，臉頰、嘴角泛起了淡淡的微笑。

從克里特島到愛琴海諸島，向北延伸到希臘半島，以及亞洲西陲，廣大的古希臘文明領域，是以海洋作為中心。這與以尼羅河為命脈發展出來的古埃及文化全然不同。

沿著尼羅河，從上游到下游，形成了不可分割的帝國。大河兩岸，土地的分配、灌溉，水源的取用，都形成統一的管理和紀律。

以法老王為最高領導，層層負責，不相紊亂。個人的「肉身」也只是整個群體中的一環，如同金字塔中的每一塊磚石，無法獨立存在，獨立的「肉身」也沒有任何個體的意義。

在愛琴海周遭的島嶼，以及半島上遍布在丘陵山巒間的「城邦」，是希臘文明的基礎。這些「城邦」（科林斯、斯巴達、雅典、邁錫尼……等）各自獨立，並不像尼羅河串連起來不可分割的帝國；它們是徜徉在海洋中一朵一朵獨立的浪花，各自發展出不同的城邦特質。

埃及在努力追求一統性的最高準則，如同金字塔，也如同人體雕像中呈現的幾何性傾向，端正，絕對、嚴肅，永恆靜止，不可動搖。

古希臘的城邦在衝突對立中懂得了和諧，開始追求不同和變化中的秩序。

以建築來說，希臘建立了以柱式排列的秩序結構。

面對古希臘的建築，一根一根的石柱，形成完美秩序……如同音樂，產生節奏，和面對金字塔巨大塊面的威嚴之感完全不同。

「城邦」的組織很小，屬於有「公民權」的城邦市民，去除了女性、奴隸，往往只有數千人。在這單純的「城邦」組織中，人與人的關係建立在相對的權利與義務上，其

實，也正是來自希臘字源的「民主」（Démocratie）的本義。

金字塔中隱含著一種「帝國」的莊嚴。龐大的量體，由下而上，法老王是金字塔的頂尖，崇高如神，下面層層負責，絕不紊亂，如同統領尼羅河上游與下游的帝國，在廣袤遼闊的疆域，人口眾多，必須有絕對的近於神諭的王權指令。

希臘的「城邦」則追求著列柱式建築的和諧。「和諧」來自於不同意見的相互牽制與平衡。

希臘的哲學因此重思辯，重邏輯（希臘字源的Logos），許多「對話錄」式的文體，發展到了高峰。「對話」如同列柱的秩序，相互建立結構的和諧；「對話」不同於「指令」，「指令」則是金字塔，是由下而上的絕對服從。

希臘的「肉身」因此有了全新的「覺醒」。

肉身綻放

希臘人體藝術的成就今日已成為全世界的遺產。

全世界的美術學院幾乎都以希臘的人體做訓練的基礎。

為什麼是希臘？

當我們拿著炭筆，面對著一尊希臘式的石膏雕像翻模練習素描時，也許心中應該有這樣的詢問罷。

很少有一種文明，如此凝視「肉身」，如此眷戀「肉身」；「肉身」綻放如花，充滿渴望，充滿喜悅。

希臘的文明，解脫了埃及人長久的凝視死亡，彷彿在長夜之後，黎明的破曉，彷彿長長的冬日過去，肉身在春天的陽光裡逐漸復甦。

「肉身」不再負擔「死亡」的沉重，「肉身」有了「肉身」自己的喜悅。

希臘的肉身覺醒，更重要的基礎應該是在運動。

公元前七七六年，開始了歷史上第一次的奧林匹克運動會。在美術史上，也正是希臘「古拙時代」的人體雕像萌芽之時。

希臘的重視運動與早期的城邦戰爭有關。做為城邦公民，身體的鍛鍊，參與跑、跳、擲鐵餅，丟鏢槍……各種競技，其實也就是戰備的訓練。

把實體的戰爭轉變為四年一次，城邦與城邦之間的運動競技，參與者因此全是男性，女性甚至被嚴厲禁止涉身運動場。男性的肉身之美，也因此成為早期希臘人體藝術的主要重心。

經由運動，希臘人找到了肉身的各種可能。跑、跳高、跳遠、駕馭馬車、投擲鏢槍，「肉身」存在意義在挑戰「肉身」的極限。

「肉身」奔跑時在挑戰速度的極限，跳高時在挑戰地心引力的極限，投擲鏢槍時在挑戰臂力的極限。不，也許不只是臂力，在鏢槍擲射而出的一剎那，左手向前平伸，右臂向後，雙臂間產生微妙的平衡，腰部保持著旋轉的彈性，前伸的左腳，腳尖微微離開地面，和向後提起的右腳腳跟相互配合。

在雅典國家考古博物館細細觀察一尊公元前五世紀前後的男子投擲鏢槍的青銅人像，有人認為是宙斯大神，有人認為是持戟的海神波塞頓，但這尊希臘古典藝術的傑作，美在於對人體肉身每一個細節的觀照。

男子站立於大地之上，兩眼平視遠方，他赤裸的肉身，華美而且尊貴，榮耀一如天上的諸神。他的肉身，沒有任何衣物遮蔽，卻比任何有衣物遮蔽的身體更坦蕩自信。

希臘人在運動中發現了肉身的尊貴華美。

在運動中得勝的「肉身」，頭戴月桂樹葉編的冠冕，手持賞飲的酒杯。他並沒有太多物質的報酬，他的榮寵尊貴也並不因為擊敗了對手。他向歡呼致敬的群眾答禮。他謙遜而自信，他的「肉身」之美，在於「肉身」挑戰了自己極限的難度。

美術史上常常討論到希臘人體的「獨立性」(Individual)，拿掉了身體周遭依附的石塊，身體站立在自己的雙足上。這是希臘的肉身之美，獨立自足的個體，面對並且承擔自己的命運。

肉身如花綻放，沒有藉口，也沒有委屈，沒有與他人任何的關聯。

在奔跑、跳躍、旋轉與飛揚之中，肉身純粹是自己的，升起或墜落，也都是自己的。

希臘人體的美，美在於純粹只是「肉身」的綻放，與道德無關，與倫理無關；「肉身」第一次有了「肉身」自己的價值。

米羅的維納斯｜約西元前 100 年，現存羅浮宮

千百年後，我們凝視希臘人體，仍然激動感愧，彷彿我們的「肉身」從來沒有這樣「覺醒」過。

神話肉身

關於希臘最早的奧林匹克運動會，一般都定位在公元前七七六年。運動的會場也已發掘，位於伯羅奔尼撒半島北端的奧林匹亞（Olympia）。奧林匹亞當時並不是一個繁榮的城邦，被選擇為各城邦競技的中心，純粹為運動而存在，也擺脫了世俗的政治或商業的理由。

人在競技運動中的肉身因此與世俗的輸贏無關；「肉身」是神的榮耀，「肉身」有神話的漫長血源。

奧林匹亞發掘的古希臘運動會址，不只是運動場和競技場。在運動場的外圍，有宙斯神殿，有希拉（Hera）神殿，有燃燒聖火的祭壇。這些都說明希臘在運動中對「肉身」的崇敬，是與神的祭典連結在一起的。

許多考古學家試圖尋找希臘男子全身裸體參與競技的原因，答案並不一致。但大致可以了解，希臘人和許多其他民族最大的不同，在於他們崇敬「肉身」，似乎衣服、鞋子都是屬於「物質」，只有純粹的「肉身」更接近「神」。

「肉身」的存在是為了榮耀「神」。

埃及人凝視死亡。但是在希臘的墓碑上往往雕刻著死者生前最完美健康而且青春的「肉身」。

埃及的人像，是一尊一尊靜止在死亡之中等待復活的肉身。

希臘的人像，展現著「肉身」的存在狀態。似乎希臘人並不渴求來世，並不寄希望於幽渺不可測的未來；他們毋寧更相信「熱烈活過」的意義。

因為「熱烈活過」，即使短暫，「肉身」也就有了不朽和永恆的意義。

在運動中跑、跳、飛揚、墜落、迴旋、伸展的「肉身」，如花綻放。

如花綻放之後，即使凋零衰敗，也無遺憾。

埃及的墓碑是等待復活的祈求，中國的墓碑常是功業與道德的銘記，印度的舍利塔似乎只是成、住、壞、空的提醒；唯獨希臘，一座一座的墓碑，留下令人讚歎眷戀的「肉身」之美。生命的永恆價值即在「肉身」存在時的極限追求，希臘人不在「肉身」之外追求解脫或了悟。

除了奧林匹亞之外，在科林斯（Corinth），在代爾斐（Delphi）都有競技場被發現，有些是四年舉行一次，有些是兩年舉行一次，有些以祭拜宙斯為主題，有些以祭拜海神波塞頓為主題。

代爾斐是太陽神阿波羅的駐在之所，在希臘半島北邊，眾山環抱，遠眺海灣，黎明時行走於一座一座神殿的遺址之間，旭日從眾山間升起，猶可追想當年各城邦的男子來此競技，以「肉身」之完美奉獻於太陽神的偉壯尊貴之前，這「肉身」，的確是傳承了眾神的嫡裔。

代爾斐的競技，因為以阿波羅為主題，阿波羅除了「肉身」

太陽神阿波羅雕像｜約西元前 120 年，現存梵蒂岡博物館

完美之外，也是統領文藝之神「謬斯」（Muses）的力量，因此，競技中包含了戲劇演出、詩歌朗誦、樂器演奏，也容許女性的競技者。

也許應該敘述一下有關阿波羅的一段神話：

阿波羅寵愛俊美的少年雅新特斯（Hyacinthus），兩人以投擲鐵餅比賽遊戲。

鐵餅（Discus）是古希臘競技中重要的一項，以鐵、鉛或石片製作。鐵餅的投擲中不只是手臂力量的考驗，也同時包含著身體旋轉、平衡、彈性的控制，是體能也是智力的雙重訓練。

太陽神阿波羅將鐵餅擲出，鐵餅飛入雲端，遙不可及。雅新特斯奔跑追趕，意圖找到擲出的鐵餅，卻不幸正巧被落下的鐵餅擊中，當下暴斃；阿波羅傷心欲絕，便將雅新特斯的屍身化為風信子花，在每一個春天，處處生長綻放，繁榮馥郁，重新以盛放的花的形式復活。

在這古老的神話中，大致可以了解希臘文明中「肉身」的意義，了解競技與神的關係，了解生命在競技中的極限伸展，了解即使尊貴如神，亦無法逃避死亡的絕望與悲劇。但真實地愛過，「肉身」便如一季一季的盛放之花，華美芬芳，人間也有了永恆的紀念。

希臘的「肉身」其實是知道「死亡」的。也意識到「死亡」

的陰影無所不在；但是，希臘的「肉身」總是在「死亡」的威脅下熱烈地活著，甚至以飽滿完美的「肉身」叛逆了死亡，使死亡自慚形穢。

飛起來的伊卡

埃及的「肉身」靜止在凝視死亡的狀態；希臘的「肉身」則不斷挑戰與叛逆死亡，在挑戰與叛逆中，希臘的「肉身」有了各種劇烈的動作，有了「肉身」極限的難度，可以墜落，也可以高高飛起。

下面是有關「肉身」飛起的神話：

少年伊卡魯斯（Icarus）和父親狄德勒斯（Daedalus）為諸神懲罰，被囚禁在孤島上。狄德勒斯是名巧匠，擅長手工設計，他利用島上的蠟燭，製作了兩副精巧的羽翅，一副給自己，一副給伊卡魯斯，可以藉此飛出孤島，逃離囚禁的命運。

在起飛之前，父親千百般叮嚀，警告伊卡：翅膀是蠟製的，遇熱會融化，因此絕不可高飛，要避開太強烈的陽光。

伊卡對父親的叮嚀完全了解，但是，一旦飛起，他立刻被好奇與狂喜占據。

也許從來沒有在這樣的高度觀看海洋和島嶼罷，他讚歎著天地遼闊，想捕捉身邊的流雲。

他逐漸遠離父親，聽不見父親焦慮的叫喚。

他感覺著自己的身體被薄薄的翅膀承載起來，他感覺到「肉身」的重量。

他歡欣地迎向燦爛的陽光；他和雲朵一樣高高飛起；他迷惑於透明的蠟的羽翅靜靜地搧動，他感覺到那薄而透明的羽翼，彷彿淚水一般，融化成一滴一滴的液體，在陽光中飛散而去；他感覺到「肉身」急劇墜落，一種昏眩，一種速度的極限，一種撞裂，如同浪花與礁岩的衝擊，他青春的「肉身」亦如浪花，碎成千萬碎片。

伊卡魯斯的「肉身」是希臘「肉身」的典範。

「肉身」的存在僅認證著「肉身」極限的背叛。

一部歐洲美術史，伊卡魯斯不斷被當作主題，有時是墜落的哀傷，大部分時候則是高高飛起的少年的狂喜。

希臘的神話中歌詠著「肉身」背叛死亡的各種故事。

如果，埃及人在木乃伊及雕像中渴求著「復活」的完整肉身。那麼，希臘人，如同雅新特斯，如同伊卡魯斯，他們的「肉身」都以悲壯之姿，撞碎在死亡面前。

「肉身」的意義在承擔「肉身」的各種極限，包括愛、恨，包括嫉妒與復仇，包括最巨大的痛與狂喜，包括絕望的淚水，也包括歡悅的笑容。

希臘的人像中充滿了動作與表情，他們恐懼「靜止」，恐懼活著時的停頓與呆滯。

有關「肉身」的神話更具體的可能是普羅米修斯的故事了。

泰坦族大神普羅米修斯，因悲憫人類不知用火，生活在陰暗寒冷之中，便不顧諸神的禁令，將火偷帶到人間。

人類有了火，有了光明與熱烈的生活，而普羅米修斯則被諸神懲罰。

他的「肉身」被鐵鏈綑鎖在山壁巨岩之上，每天有巨鷹前來，以利爪撕裂他的胸膛，啄食他的心、肝，內臟，他在巨痛中呼叫著，看著自己的「肉身」鮮血淋漓，感受五臟六腑被撕裂嚼食的痛。

痛徹骨髓的痛，肉身所能承受的每一分每一寸的撕扯與碎裂。

在巨大的痛楚之後，這懲罰並未終止，「肉身」將在夜晚完全復原痊癒，等待黎明初起，巨鷹再度來臨，「肉身」要再一次承受撕裂之痛，再度呼叫，再度血淚交迸，再度憤懣絕望，但絕不求饒，也絕無怨悔。

普羅米修斯的「肉身」仍在古希臘的崇山峻嶺上，標幟著「肉身」的永恆價值，標幟著「肉身」存在的另一種意義，不是靜待死亡，不是靜待復活，也不祈求解脫或昇華，「肉身」只在「肉身」的劇痛中自我完成。

Kouros——青春肉身

希臘人在運動中追求人體肉身潛能的極限，在運動場上開展身體的一切可能性。

人的身體並不是自由的。往上跳高，身體會被自己的重量限制；向前跳遠，身體也會被身體彈性限制；奔跑時知道身體有速度的限制，投擲鐵餅時了解自己臂力的限制……。

人活在種種限制之中。

希臘人賦予身體的意義在於突破這些限制。

公元前六世紀以前，希臘的人體雕刻還在木訥平板的古拙時期，保留著古埃及人左腳在前，右腳在後的姿態，兩手平垂，置放在身體兩側。這些大多是青年男子的全身裸像，被稱為「Kouros」，成為希臘人體美學的重要傳統。

Kouros 是人，是十八歲至二十歲的男性，是在運動中使身體達於極度完美的人體。

Kouros 是人，但具備了神性的完美。

十八歲至二十歲，希臘人在運動中了解人體潛能的高峰如此短暫。一個競技者在運動會上得到一次勝利，獲致如神一般的榮寵，而這身體也似乎立即面臨著體能下降的威脅。

希臘的肉身之美中隱藏著殘酷的衰亡的現實。

希臘的墓石上常常無限眷戀地鐫刻著男子完美的肉身之美，旁邊是一衰老的老人在一旁凝視沉思。

埃及人慣於凝視死亡。

希臘人則執著於凝視青春。

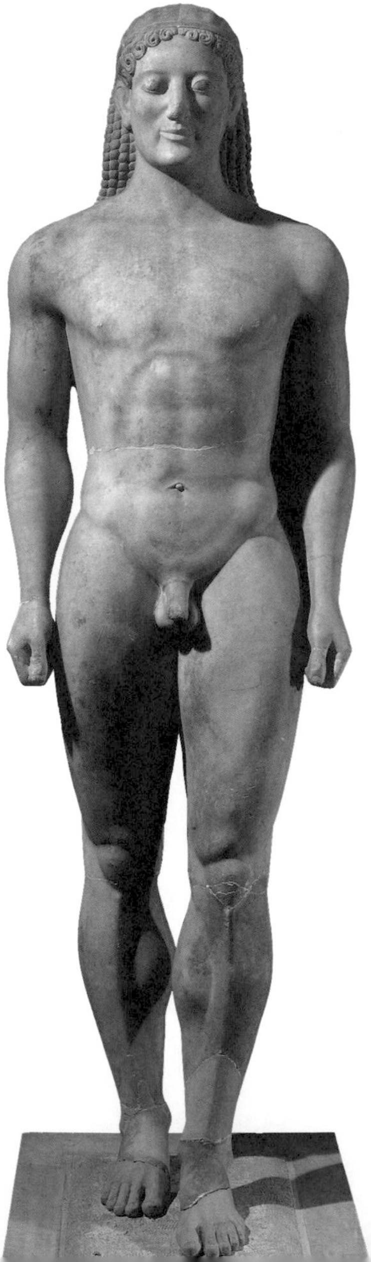

青春以一種具體的肉身形式出現，短暫華美，彷彿才一讚美，已經開始惋歎消逝。

Kouros 的人體美學貫穿著整個希臘美術的傳統。

在公元五世紀前後，Kouros 的肉身有著強烈動起來的慾望。肉身不安，在大理石中起了騷動。

以斐迪亞斯（Phidias）、伯里克利特（Polycléte）為中心，希臘的人體雕刻達到了巔峰，也就是影響至今西方人

擲鐵餅者｜約西元前二世紀，現存羅馬國家博物館

體「古典」（Classic）的形式典範。

古典時期希臘的人體和古拙時期最大的不同在於兩腳重心的偏移。

維持了上千年的埃及人像傳統，始終是兩隻腳平均分擔身體重量，使身體保持端正、直立，有些平板的對稱效果。

希臘古典時期的人體，使身體重心落在一隻腳上。如同從立正的姿態改換為稍息。如果重心落在左腳，右邊的腳踝，小腿肌肉，膝蓋關節，乃至於大腿至臀部的肌肉全部放鬆，連帶使腰部及髖骨都發生了變化。

因此，觀察一尊希臘古典時期的人體雕像，身體在一剎那間由動而靜，或由靜而動，在轉換重心過程中，肌肉的每一個細節都發生著微妙的變化。

希臘人留下了完美的肉身成為全世界人體美學的典範。

在美術史上，希臘確定了肉身存在的意義與價值。

運動不只是為了體能，更是藉著肉身的訓練，達到對和諧、平衡、秩序、節奏的認識。

在許多發掘出來的古希臘運動場都有專供訓練的場域，在亞里士多德的哲學學院中，體能競技也列為重要的項目。

可見希臘是在「肉身」的基礎上建立「哲學」的體系。

「肉身」是「思維」的基礎，「肉身」是起點，也是「終點」。起於對「肉身」的眷戀，對肉身的愛，終於對「肉身」完美的追求。

然而，「肉身」完美，只在「青春」之中，希臘人終究還要面對「肉身」的俗世難題。

【附錄二】身體典範

沒有一個民族留下如同古代希臘的身體美學。

古代的埃及也有傑出的人體雕刻，但是多是固定的姿態，彷彿在時間中靜止，在一剎那間被死亡冰封，不再具有人的體溫。美索不達米亞古亞述文化的人體多表現君王神性的權威，高聳巨大，也不是一般常人的自在。古代黃河流域半坡、馬家窯的陶塑人像俑多卑微茫然，面目模糊，好像還找不到人的清晰存在價值。

希臘在公元前八世紀左右已經有固定的運動競技。奧林匹亞地區發現的古代運動競技場遺址可以追溯到公元前七七六年。運動員的競技是為了禮讚天神宙斯，參予者都全身赤裸，因此，運動過程中每一個動作牽動的肌肉骨骼的變化都清晰可見。雕塑家與繪畫者也都在現場，奧林匹亞遺址現場就有著名雕刻家菲迪亞斯的工作坊。雕刻家以運動競技的的選手為模特兒，觀察他們運動中身體細節的變化，創造了全世界最早的人體美學典範。時至今日，全世界現代美術的教育仍然遵奉古代希臘的人體美學準則，青年學子一入手習畫大約都從素描石膏像開始，希臘人體之美便根深柢固成為不移的人體典範。

希臘人體之美來源於神話信仰，肉身是神的寵賜，肉身也以神的完美作為最終嚮往。希臘古典史詩中最重要的英雄海克力斯，以凡人之軀，通過十二項艱難的考驗，一步一步，最後被眾神接納，擺脫凡人之軀，進入神的永恆國度。

古代希臘的身體美學不是瑣碎的學理考證，古代希臘的身體之美是以一尊如此具體的雕像，站立在我們面前，自信而雄辯地說服我們身體美學的真正意義。

一名運動選手，參加拳擊競賽，得到冠軍，他如此謙遜，沒有一點得勝者的驕狂囂張。他站立著，剛剛激烈運動後的身體安靜回來面對自己。競技不只是贏過對手，也許是更謙遜地贏過自己。向外的攻擊征服都不是真正的贏，古代希臘的身體美學清楚詮釋真正的贏者必須是向內的征服。

勝利者正舉起右手，把月桂葉編成的頭冠戴在頭上。最早的桂冠也就是運動場周邊生長茂密的月桂樹的葉子。沒有任何冠冕

比新綠芳香的月桂葉更繁華尊貴，黃金比不上，珠寶也比不上。

好幾次去奧林匹亞，在運動場四周徘徊沉思，在已成廢墟的宙斯神殿前靜坐，在昔日競技者朗讀詩歌、哲學辯論、閱讀書籍、聆聽史詩吟誦的一間一間殿堂裡緬懷那一個遠去的時代。

然而一尊雕像即刻喚回了那個時代一切的生命價值、青春、教養、優雅、自信、謙遜。這不是拳擊選手的身體，這不只是競技勝利的運動員，他擺脱的凡人之軀，通向艱難考驗，通向了神的永恆華美。

大英博物館這一尊競技者雕像具體呈現全部古代希臘的人體美學，呼喚起我們自己的肉身覺醒。

【附錄二】鏡子前的生命停格

多年前，在雅典國家考古博物館數度瀏覽古代希臘的墓碑形式，很感到興趣。

我們熟悉的墓碑，上面都是漢字，銘刻死者姓名，或以後代子孫尊稱亡者為先考先妣以為紀念。近代墓葬風俗改變，有時會鑲嵌一張亡者照片，但大多還是以文字為主。這種以文字為主的墓葬紀念習慣可以看到漢字強大的影響力，甚至影響到日本、朝鮮周邊國度的墓碑與祖宗牌位供奉形式。

雅典國家考古博物館好幾個展廳的古代墓碑，上面也有銘刻文字，但都不在顯著位置，墓碑中央一律都是亡者的雕像。

大英博物館這一件墓碑，製作成神殿建築的形式，上面有一個三角形的尖頂，彷彿亡者還停留在現世空間之中。在兩根柱子之間，一名年輕女子身披長袍，優雅站立著，身體重心落在右腳，左膝微曲，彷彿迴旋轉身，安靜中帶起衣袍褶紋微微律動的節奏。

女子右手輕輕拉起搭在左臂肘彎上的披風，左手舉起一面鏡子，正在攬鏡自照。

在雅典國家考古博物館我曾經看過不少同樣形式的女性墓碑。年輕的女性死亡，彷彿無法忘懷自己青春美麗的容顏，因此手中持鏡，凝視著自己。生與死在鏡中對話，真實與虛幻的兩個自己在對話，墓碑裡有了佛說「鏡中花，水中月」的哲學意涵。

女性墓碑還有一種是在選擇首飾，墓碑上出現一名女僕，打開珠寶首飾盒，讓亡者挑選。好像女子正要盛裝赴宴，臨出門前選一個首飾戴在身上再走。

古代希臘的墓碑畫面像是亡者生活的一個停格，選一個生前最眷戀的畫面製作成墓碑，死亡的紀念也同時撼動了生者自己的生命覺醒。

在那些墓碑畫面前，不禁會詢問自己，如果要從眾多生活畫面中挑一個放在墓碑上，作為自己一生的最後停格，我會如何選擇？

女性結婚有兒女以後，停格記憶比較不同，我在雅典國家考古博物館看到墓碑上有男子雙手抱著幼兒，正在把小孩遞給死亡的婦人，婦人伸手去接。也許這是一名母親臨終前的生命停格吧，她伸出雙手，永遠停在空中，渴望再抱一抱自己眷戀不捨的兒女。

對古代希臘人而言，文字太抽象了，他們要在具體的生命畫面下思考死亡。

一件攬鏡自照的女子雕刻使我想起許多唐詩裡女性與鏡子的紛繁意象。明代的杜麗娘「遊園」一開始也是在鏡台前凝視自己十六歲的青春容顏。不多久，杜麗娘死亡，那一面空著的鏡臺是記憶亡者容顏的唯一見證吧。

大英博物館的古希臘展品中有幾件特別值得注意的墓碑，有競技得勝的運動選手，有戰場上一同陣亡的兄弟同袍，執子之手，出生入死的戰友，也有了最後訣別的生命停格。

我們的生命停格會在哪裡？我們會為自己選一個甚麼樣形式的生命停格？

古代希臘的人體美學，不只是技術，其實是深沉的哲學，兩千年來才能夠成為世界美術的永恆典範。

肉身凋零——關於死亡美學種種

死亡是什麼？

隨著年歲增長，親人朋友陸續離去，

死亡愈來愈近，愈來愈具體。

但是，

我們在生命最難堪的時刻，少了美學。

沒有死亡美學，

生命只是隨便活著，隨便死去。

在希臘雅典國家考古博物館看到許多紀元前希臘人浮雕的墓碑，使我沉思了很久。

死亡是什麼？

孔子的一個學生詢問老師：死亡是什麼？孔子回答說：「未知生，焉知死。」

一個簡單的回答，可能被誤解了，數千年來，卻成為意外的障礙，阻擋了一個文化對死亡做更深入辨正的探討。

莊子對死亡的凝視好像更多一些。他凝視朝菌，凝視在日出之後逐漸萎縮死亡的浮游菌類短促的生命；他也凝視八千年一次漫長生死的大椿，好像領悟所謂「長久」可能只是另一種「短促」。

死，的確是生的一體兩面。孔子或許沒有說錯，不充分了解「生」，無從徹底了解「死」。

但是，當然也可以反過來思考，未曾認真深刻地凝視死亡，會真正懂生命存活的意義嗎？

無論在希臘，在中國，在印度，在埃及，所有古老的文明，一開始，都必須專注而長久地凝視死亡。他們在死亡面前，忍住驚恐哀痛，忍住慌張，各自找到自己凝視死亡的方法與態度，自我解嘲，或自我安慰，卻從來沒有真正找到超越死亡的共同結論。

古代埃及人相信：死亡之後，靈魂 ka 走了。肉體存留在人間，肉體會腐爛，所以必須好好保存珍藏，用精密的科學方法把肉體製成木乃伊，肉體不再腐朽，可以等待 ka 回來，有朝一日，肉體可以再使用，可以從死亡裡復活。

但是，ka 從來沒有回來過。木乃伊等待了數千年，等到的是盜墓者和考古學家。

「復活」只是死亡命題裡一個美麗又殘酷的謊言嗎？

印度的信仰，並不堅持肉體的存在。在恆河兩岸，日日夜夜，可以看到焚燒的屍體，燒到焦黑、扭曲、斷裂、油脂升成濃濁黑煙，殘餘的斷手斷腳，推到河裡，隨大河波濤流去。

我在恆河船上，曾經與眾多肉體一起流淌，那一刻，彷彿才懂了佛經上「流浪生死」的意思。

埃及與印度都是深思死亡的民族。埃及極度眷戀肉體，肉體乾硬成木乃伊，還是堅持人的形狀。埃及文明卻在兩千四百年前完全毀滅了。我們今天看到的古埃及，只是一具死去的屍體而已。以後希臘、羅馬統治埃及，之後伊斯蘭帝國與歐洲殖民者統治埃及，埃及不再是古代的埃及，古埃及真正成為一具乾硬、空洞，徒具形骸的木乃伊。

印度或許是最能透徹肉體「無常」的民族。「無常」可能是「色即是空」，我總是在印度人眼瞳深處看到不可解的憂傷。但是，「無常」同時也可以「空即是色」。在印度文化裡，有著最絢麗炫耀的色彩、最慾情的耽溺、最令人迷幻陶醉的聲音與氣味，也有官能嫵媚悅樂搖盪到極致的肉體。

這些都是凝視死亡的不同結果嗎？

那麼中國呢？希臘呢？他們以什麼方式凝視死亡，或逃避死亡？

我在兩千多年前古代希臘人的墓碑間徘徊，墓碑通常一公尺到兩公尺高，上面裁切成希臘建築三角屋頂的形式，中間則是浮雕人像。

許多人走到雅典國家考古博物館這個置放墓碑的空間，看到一塊一塊雕刻的石碑，以為是古代藝術品，指指點點，評論人體的美醜，雕工技巧的好壞，卻往往不知道，這些石雕全部是出土的墓碑。

知道是墓碑，再回頭看這些浮雕上的男女，或許會有不同的心事感受吧。

有好幾件墓碑上的死者是年輕婦女，樣子看起來年輕，是不是死亡時真的很年輕，不敢確定。有學者認為，希臘人習慣在墓碑上刻鑄死者最年輕美麗的容貌。

女性死者為主題的墓碑，有幾件形式很類似。死者都坐在

椅子上。有一件公元前五世紀的墓碑，全高一百四十九公分，墓碑上端小字刻了死者的名字艾吉索（Hegeso），左側面前站著一名僕人，手中捧著首飾珠寶箱。死者正從珠寶箱中挑選出一只手鐲或戒指。

艾吉索是不是生前極為戀慕珠寶手飾？兩千五百年後，我們當然已無從查考。但在死去的女性墓碑上刻下她生前專心凝視珠寶、挑選珠寶的表情，使觀看者忽然對死亡時帶不去的東西有了複雜難以言喻的感受。

艾吉索坐在死亡的坐椅上，凝視著她想帶走而帶不走的珍貴珠寶，希臘的墓碑留下這樣的形象，是諷喻？還是悲

憫？

我沉思著，我們的文化裡當然也有戀慕珠寶的女性（或男性？），但我們的墓碑上會有戀慕珠寶的圖像雕刻嗎？

如果，今天女性的墓碑上，也刻著她迷戀珠寶首飾的表情，我們會有什麼樣的感受？

另一件較小的墓碑，形式幾乎完全一樣。一百二十二公分高，三角屋頂，婦人坐在椅子上，旁邊站著一名僕人，捧著珠寶箱，打開箱蓋內部的鏡子，死者低頭沉思，凝視著鏡子裡的自己發呆。

死者沒有在珠寶箱裡挑選首飾，她在鏡子裡看著自己的容顏，她想帶走卻帶不走的，是這美麗青春的容顏嗎？

這件墓碑是公元前三八〇年的作品，比艾吉索墓碑晚了一百年。從眷戀珠寶到眷戀自己的容顏，希臘的墓碑透露了什麼領悟的訊息嗎？

死亡的時刻能夠帶走什麼？

死亡的時刻最想帶走什麼？

死亡時刻，明知道帶不走、卻眷戀不捨的，會是什麼？

死者艾吉索，眷戀珠寶。另一名婦人，眷戀自己的青春容顏。

我正思索著，又走到另一件墓碑前，墓碑上的死者，也是一名女性。三角屋頂、希臘式建築的空間裡，一名年輕的女性坐在椅子上。

墓碑上，希臘的死者總是坐著。彷彿死亡是不得不坐下來的時刻。

她很年輕，肉體在衣袍掩蓋下，還是顯得健康飽滿。她的腳下有踏凳，左腳向後伸，右腳向前，倚靠在踏凳邊緣，使衣袍產生優雅的褶紋。死者右手支頤沉思，凝視著一名

嬰兒。嬰兒抱在男子手中，男子似乎是死者的丈夫。嬰兒卻從父親手中努力掙脫，伸長了手臂，似乎渴望母親再抱一抱。

我在這件墓碑前沉思了很久。墓碑上的母親只是低頭不語，她並沒有伸手去抱自己的孩子，她會不會知道：死亡的時刻來臨，她已失去一切，包括再抱一抱孩子的權利與幸福。

三名死者，都是婦女，三件以婦女為主題的墓碑，雕刻墓碑的人卻發展出三種不同的生命形式與內涵。

珠寶、美貌容顏、尚在襁褓中的孩子，有什麼會是女性死亡時無法割捨的？

雅典國家考古博物館收藏的古代墓碑很多，各式各樣。和古代埃及人不同，希臘的死亡美學，不把死者製作成乾硬僵化的木乃伊，他們在墓地碑石上留著他們（或她們）生活時的種種渴望。

她們渴望戀慕過貴重的珠寶，她們渴望戀慕過自己青春美麗的容顏，她們初為人母，曾經把嬰兒放在胸前，曾經滿足地感覺嬰兒索乳吸吮的口唇，曾經如此擁抱著孩子，感覺著孩子靠近時的體溫和氣息。

死亡時還有機會再回憶一次這些渴望嗎？

有一些墓碑上的死者是男子，他們曾經是運動員，在競技場上叱吒風雲，頭上戴著桂冠，透露著青春健康俊美，被全世界仰望讚歎的喜悅歡欣。他們裸露著壯碩的肉體，彷彿從墓碑上緩緩走來。

古希臘的墓碑上看不到死亡的陰沉恐怖，卻充滿洋溢著生活的喜悅幸福。

這樣的墓地碑石，似乎使人對死亡少了很多恐懼，卻把死亡的命題回轉過來，詢問生活的意義。

的確，死亡只是生活的一體兩面。存在主義哲學家沙特關切生，也關切死。他說：人從出生開始，便一分一秒在靠近死亡。

儒家文化的影響，使華人的世界，極其避忌死亡。死亡的場域，沒有生者的圖像，沒有生者的容顏姿態，只有非常抽象的文字。

為什麼中國的墓碑上都是文字？

為什麼希臘的墓碑上全是人像？

如果我們的墓碑上用雕刻的人像替代文字，我們會留下什麼樣的容顏與姿態給後人悼念、觀看、讚歎或思考？

我沒有答案。隨著年歲增長，親人朋友陸續離去，死亡愈來愈近，死亡愈來愈具體。但是，我們在生命最難堪的時刻，少了美學。醫院沒有臨終的美學，親人手足無措、呼天搶地；葬儀社叼著煙，漫天喊價，彷彿地攤。我們的墓葬沒有美學，我們的死亡沒有美學，生者只是驚恐慌張：死亡如此草率、隨便、輕賤，死者何以安心，生者何以安心？

沒有死亡美學，生命只是隨便活著，隨便死去。

我沉緬在古希臘的墓碑前，思維死亡種種。

俗世肉身——羅馬時代的人體美學

俗世中的肉身，
會生病、會痛、會發高熱、
會有各種煩惱焦慮，會日復一日衰老。
俗世中的肉身，
每一日負擔着
各式各樣的恐懼、驚慌、愛恨與貪慾。

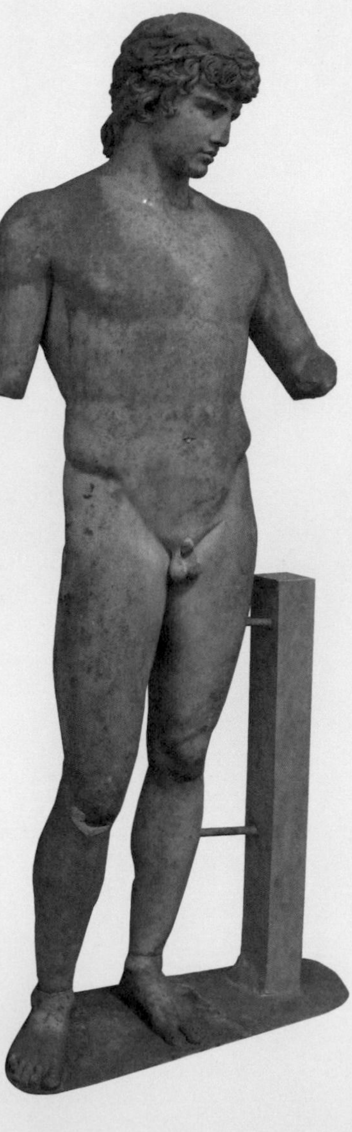

希臘奧林匹克運動傳統，從公元前七七六年開始，每兩年或四年舉行一次，一直持續到公元後三九三年。在長達一千一百六十八年的歷史中，也同時是希臘人體美學從萌芽到成熟的黃金時代。

建立在運動的基礎上，希臘為全世界的人體找到了理想的典範。

年輕、健康、完美，希臘的理想人體，使肉身有了精神性的崇高地位。

肉身不只是卑微的物質，肉身也可以昇華為崇高的精神。

但是，純粹精神性的思維，是否可以解答一切肉身的難題呢？

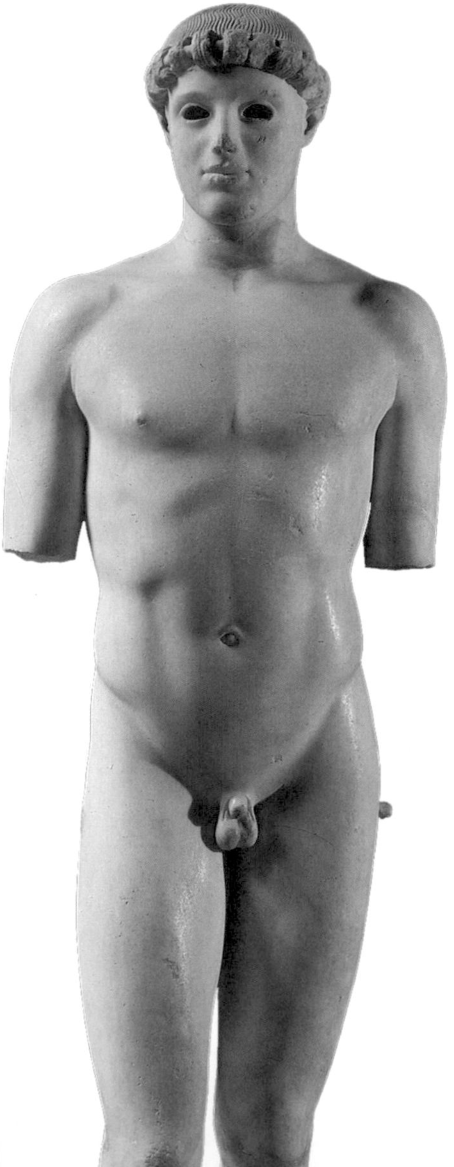

克里特的少年｜約西元前 480 年，現存雅典衛城博物館

面對一尊希臘黃金時代的完美肉身，引發了崇高的精神性嚮往，但是，停留在俗世中的肉身仍然有千百種難題。

俗世中的肉身，會生病、會痛、會發高熱、會有各種煩惱焦慮，會日復一日衰老。俗世中的肉身，每一日負擔著各式各樣的恐懼、驚慌、愛恨與貪慾。

衰老時，下垂的每一寸肌肉與皮膚，也都是真實的肉身。病痛時，每一分每一秒撕裂般的肉體上的痛楚，也都是真實的肉身。

希臘人使肉身如花，如花一般燦爛綻放。

羅馬人走到希臘的肉身面前卻看到花瓣一片一片開始枯黃、萎謝、凋零。羅馬人看到崇高的精神性之外，還有眾多俗世肉身的艱難。

羅馬原來是希臘的殖民地，長久承襲希臘的神話、哲學、政治理念、文化與藝術。

羅馬在義大利半島北部伊特魯斯坎（Etruscan）地區發展出的本土藝術，特別是陶瓶上的彩繪，以人像及故事畫為主，也已長期與希臘藝術混合，承襲強烈的希臘風格。

羅馬崛起，征服了希臘。但是也有人認為，希臘的文化早已征服了羅馬。這有些像中國歷史上宋與蒙古的關係，強大的蒙古族滅亡了宋，建立元朝，但是，蒙古元朝的文化卻承襲了宋文化的傳統。政權常常是斷裂的，文化卻只有累積與延續。

羅馬建國以後，人體的思維究竟與希臘有什麼不同？

在許多美術史的討論中，希臘和羅馬是合併在同一章節中討論的。

如果籠統被稱為「希臘羅馬藝術」，那麼，「羅馬」在美學風格上的獨立特性，是否就不存在了呢？

這個問題並不容易回答。

因為羅馬對待人體的態度，顯然繼承了希臘崇高理想的傳統，有絕對相同的部分；但是，羅馬特有的務實精神，又使人體藝術發展出自然主義與寫實主義的風格，有時刻意去紀錄人體肉身的衰老、臃腫、庸俗、暴發……等等真實的俗世性格，與希臘人追求的崇高理想性，形成強烈的對比、不同與反差。

先看一些希臘羅馬人像美學相同的例子。

希臘北邊的代爾斐，是古希臘傳說中太陽神阿波羅的聖地。此地每隔四年也舉辦祭典、運動會，以及戲劇、詩歌的藝文活動。

代爾斐博物館有一件著名的少年雕像，第一眼看去幾乎完全是希臘理想性的人體作品，身體肌肉的表現完美而且豐富，在陽剛的力量中又流露著細膩精緻的內心細節。

這件人像卻是羅馬建國以後，公元後二世紀哈德里安皇帝（Hadrian）時代的雕刻作品。哈德里安皇帝在位時間是羅馬帝國的全盛時代。他本人兼具文治武功的能力，擴大了羅馬帝國的疆域，同時也提倡文風，耽讀詩歌、哲學、修復希臘古蹟，也重建雕刻、繪畫、建築的盛世風格。

這件少年雕像彷彿希臘的神祇，肉身完美如花，展現極沉靜而崇高的精神性。

但是，這尊雕像，不是希臘神祇，而是俗世的凡人。

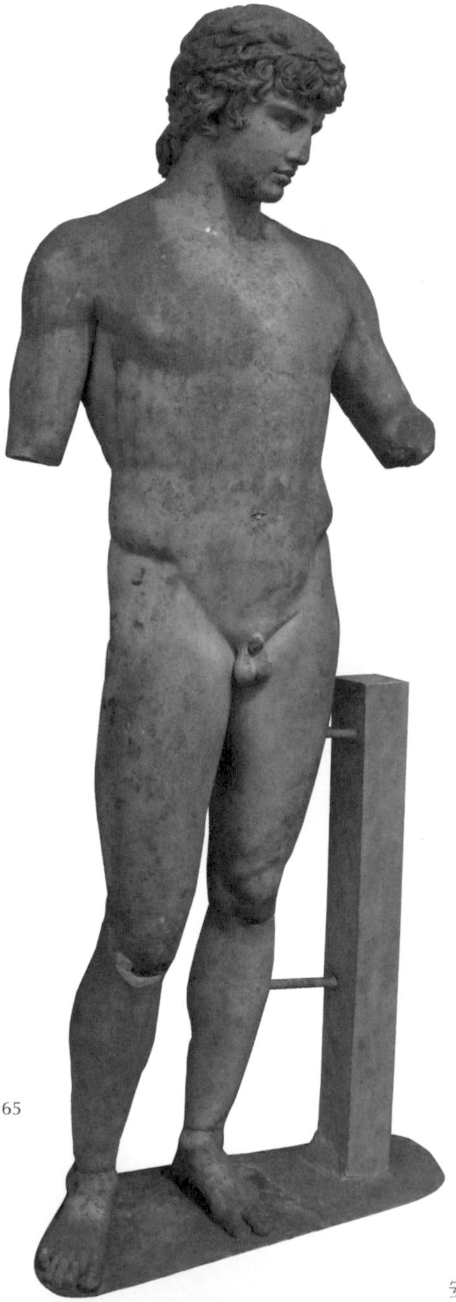

安帝奴斯｜羅馬初期人像，現存希臘代爾斐博物館

凡人的名字叫安帝奴斯（Antinous），因為俊美而被哈德里安寵愛，陪侍於皇帝身邊，也成為一生征戰、卻逐漸衰老的帝王生命中美麗溫暖的安慰罷。

青春、俊美、榮耀與寵愛，哈德里安皇帝在安帝奴斯身上眷戀著比帝國更大的深情。

這樣的肉身，美麗如神祇，卻是真實凡人的肉身，是可以愛戀、寵眷、擁抱的肉身。

肉身如果完美到了極限，是否就有了不可遏止的憂傷呢？

沒有人知道，是什麼樣的憂鬱的汁液，流布在安帝奴斯美麗的肉體之中。

他在十八歲到十九歲之間自殺了，沒有任何原因。

會不會美也是肉身的負擔？

安帝奴斯自殺了，肉身在十八歲結束，他使自己的美停留在永恆的死亡之中。

年老的皇帝哀痛絕望，看著遼闊一望無垠的帝國邊疆，知道自己貴為帝王，卻留不住一具美麗青春的肉身。

哈德里安的晚年，在帝國疆域的每一個角落立起安帝奴斯的雕像，年輕、健康、俊美，帶著淡淡的憂傷。

他似乎要使整個帝國知道如何向美致敬。

直到帝國消亡，美麗的肉身仍一尊一尊紀念著哈德里安永恆的心靈領域。

羅馬建國之初，人體美學仍延續希臘的理想，但已轉換為凡人的血肉之身了。

安帝奴斯美麗如神，卻有凡人俗世必死的肉身。

希臘從諸神的高度來看待生命，羅馬開始回到人間，從低卑的俗世角度看待肉身諸多艱難。

羅馬的肉身意義終於發展出完全不同於希臘的寫實精神。

希臘的人體一向被認為有高度理想化的傾向。

所謂的「理想」，並不是不面對真實的人體，而是對真實的人體做審美的選擇。

例如，在希臘的人體中，大多是經由運動鍛鍊，肉體完美而年輕的人體。

人體已經經過挑選，不具備俗世的普遍性。

比較起來，羅馬的「務實」精神，更切近人體的「肖像性」，更「真實」，也更具備俗世的廣度與包容力。

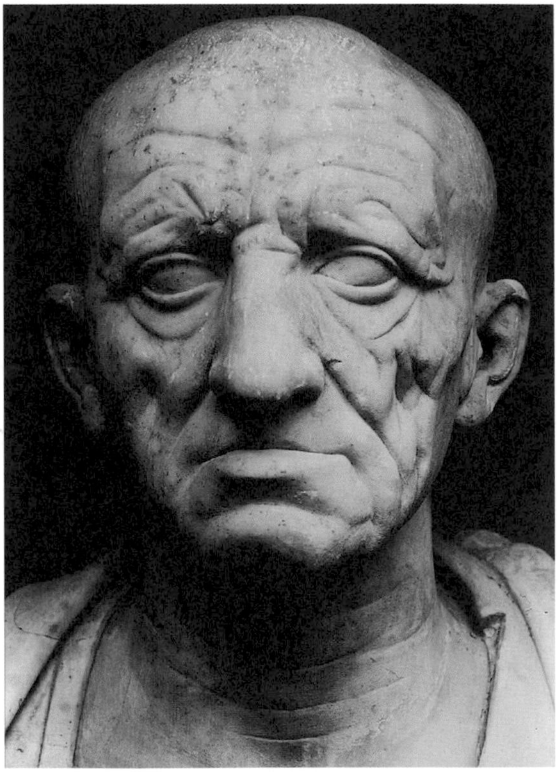

面對一尊羅馬時代的頭像，在公元前一世紀左右，羅馬剛建國不久，這件現藏羅馬托洛尼亞（Torlonia）博物館的人像雕刻，展示與希臘崇高美學完全不同的俗世精神。

雕像裡的肉身非常具體，大約五、六十歲，頭髮禿光，額頭上有深深的皺紋。兩眉之間彷彿聚積著多年生命中的憂慮、恐慌；下垂的眼袋、凹陷的雙頰，臉上記錄著俗世歲月一道一道的刻痕。

這個顯然有點貴族身分的老年男子，雖然衰老，猶有一種傲岸的表情。隆起的鼻梁、緊抿而篤定的嘴唇與下巴，都說明著他的某種知識或權力上的自信。

我們可以依據雕像這麼精密地去閱讀一個古代羅馬人的五官。

我們可以依據一件羅馬人的雕像，去追溯一段真實的人的故事。他活過、憂慮過、恐慌過、愛過、恨過；貪婪或施捨、慈悲或殘酷、卑劣或慷慨……都一一書寫在這張臉上。

看慣了希臘人體中崇高理想的美，一時轉身面對羅馬，也許會覺得不習慣看人性的難堪罷。

希臘的人體是詩，是崇高的頌歌；羅馬則更接近寫實小說，可以鉅細靡遺地書寫人性最真實的鄙俗、貪婪與墮落。

也許，任何一件藝術作品中的「肉身」都是另一種意義的「自己」。我們面對一尊雕像，其實同時在觀照「自己」。

希臘的雕像使我們相信自己的肉身崇高完美，羅馬的雕像則使我們開始悲憫起肉身在俗世中種種的難堪與鄙俗。

一位羅馬的貴婦，一頭精心設計的鬈髮，彷彿剛剛從昂貴的美容院走出來。她年輕，算得上美貌，卻又十分跟隨流行的俗世品味。她，無法有希臘神性的端莊崇高，但是卻有著世俗真實的凡人趣味。

羅馬賦予肉身一種肖像紀錄的真實品質。擴大了希臘對肉身局限於青春、俊美、健康的範圍，使肉身可以負擔更大的人性空間。

羅馬的疆域遼闊，羅馬的肉身詮釋也影響到不同文化領域的殖民地。在埃及，原有木乃伊的棺木上增加了用彩繪製作的人物肖像，非常寫實。以墓葬圖像來說，古代的埃及和希臘，都使「死者」理想化及崇高化，但是，羅馬卻使「死者」的面容和身體依然具備「俗世」的性格。面對「死者」，不再是悼念、敬意、膜拜。羅馬的墓葬人像栩栩如生，他們「活過了」，留著「活過」的痕跡，使人感覺到生活的現實。

羅馬貴婦像｜西元 90 年作品

希臘留下了美麗的神話、哲學。希臘的建築是莊嚴的神殿，一根一根柱子，顯示出優雅的秩序。

羅馬則是務實的文化，建立嚴密的羅馬法典，開創人口達到一百萬的巨大城市。羅馬留下的雄偉建築是鬥獸場，以拱形結構完成足以容納五萬人在內活動的公共空間，也就是現代大都會巨蛋型公共空間的前身。

羅馬關心「人」更甚於關心「神」。

羅馬樹立了凡人的肉身價值。

肉身衰老，肉身臃腫，肉身難堪，俗世中肉身的一切磨難與卑微，或許將潛伏著羅馬人思考「肉身救贖」的起點罷。

公元三九三年，信奉基督教的羅馬皇帝德奧多西歐一世（Theodosios I）廢除了奧林匹克運動會傳統，廢除了希

羅馬時代埃及地區墓葬人物肖像

臘諸神，諸神被貶為「異端」，希臘的肉身之美自此淪落。羅馬帝國選擇了基督教作為國教，「肉身」在希伯來基督教的傳統中有著與希臘傳統完全不同的另一種認證，基督信仰裡「肉身」只為了尋求「救贖」而存在，肉身又有了完全不同另一種覺醒。

肉身救贖I——基督教的人體美學I

人類有時殘虐人體肉身，
更甚於禽獸。
這種對肉身的殘虐
是一種報復嗎？
或者，肉身的殘虐
有時竟被視為崇高的救贖？

肉身救贖

希臘的奧林匹克運動傳統從公元前七七六年開始，一直延續到公元後三九三年，長達一千一百六十八年，體能訓練使希臘的人體美學有了最具體的依據。一直到今天，希臘的人體美學仍然是全世界尊奉學習的典範。

公元三九三年，信奉基督教的羅馬皇帝德奧多西歐一世，廢除了奧林匹克運動傳統，連帶廢除了希臘諸神，廢除了希臘人的「肉身」之美，廢除了「肉身」美學的意義與價值。

同樣是人類的「肉身」，在希伯來的基督教傳統中，卻有了完全不同於希臘的認證。

在基督教與羅馬的政權結合之後，希臘傳統的人體美學被視為異端，希臘的神殿被摧毀，或改裝為基督教教堂。希臘諸神被驅逐，阿波羅、維納斯俊美裸露的肉身雕像，被視為邪惡的誘惑，雕像被教會砸毀，拋擲入海中、埋入地下，成為禁忌。

將近一千年，希臘的人體在基督教執政的中世紀，被視為醜惡、淫慾、敗德、頹廢，沒有任何存在價值。

人類的審美，並不容易在短時間就有清明的覺醒。

人類的「肉身」審美，還常常必須糾葛在政治、道德、倫理的規範之中。

希臘的諸神如此完美的「肉身」一一被斥逐毀壞，有長達一千年的劫難。

現在存放在世界各大博物館中的希臘雕像，缺頭、缺手、身軀殘斷，大多是在十四世紀文藝復興初期以後陸續從廢墟中重新發現的碎片，經過修補整理，再次樹立起「諸神復活」的人體美學。

一千年劫難中的遍體鱗傷仍歷歷在目。

人類有時殘虐人體肉身，更甚於禽獸。

這種對肉身的殘虐是一種報復嗎？

或者，肉身的殘虐有時竟被視為崇高的救贖。

希臘的肉身如花綻放，歌頌人體在現世中的意義。

希臘的人體，經過馬其頓的亞歷山大大帝，發展到顛峰，也在世界各個角落，包括亞洲的西部和印度，建立了人體美學的基礎。

亞歷山大大帝在亞洲建立的希臘式殖民地城邦，被羅馬帝國接收，延續希臘的城邦理想，推展希臘式的神話、風俗儀式、多神信仰和現世享樂的觀念。

羅馬初期，在地中海東岸的古文明地區，從沿地中海岸的耶路撒冷、迦南地、耶利哥、以色列人居住的廣大地區，有著強韌的希伯來文化傳統。他們在殖民地的屈辱和壓迫中，仍然堅持一神教的嚴格信仰，信奉《舊約聖經》中不可動搖的上帝耶和華，相信祂創造的世界與人類，相信祂賦予萬事萬物的價值，以及人的存在意義。

在今天仍具有世界性影響力的基督教，對「肉身」的意義如何定位？

也許，仍然必須回到古老的《舊約聖經》，翻看〈創世紀〉一章的描述。

基督教的〈創世紀〉長久成為西方世界最主要的宇宙觀。透過文字和圖像，傳達基督教上帝創造世界的起源。

在一片混沌中，上帝說：「要有光」，光就出現了。在第一天的創造裡，分開了白日和黑夜。

第二天，上帝從混沌的水中分出了天空。

第三天，又從水中分出了陸地。陸地上開始生長花草植物。

第四天，上帝指令天空中出現太陽和月亮，分別掌管白

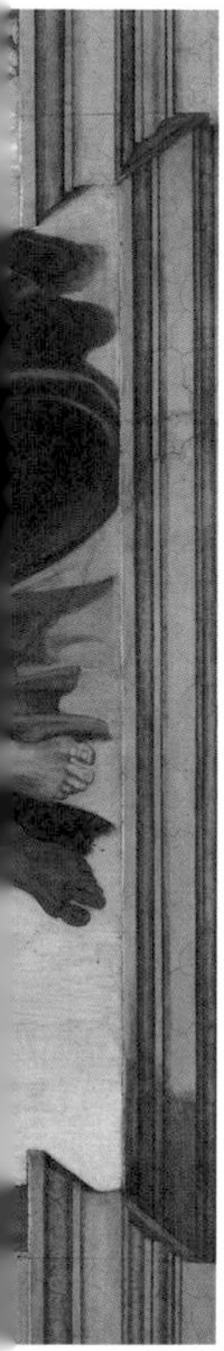

米開朗基羅作品|亞當的創造

日、黑夜與四時的循環，也在天空中布置了繁多的星辰。

第五天，上帝創造了海中、大地上與天空裡的魚類、走獸與禽鳥。

第六天，當宇宙間萬事萬物皆已完成，上帝即按照自己的形貌，創造了人類。

第七天，一切的工作都已完成，被命名為「休息日」。

〈創世紀〉的神話長久成為西方世界的信仰，甚至至今仍規範著許多人的生活行為。（例如七天一次「禮拜天」做為休息日的觀念已經成為世界性的習慣。）

在這個古老而又影響力巨大的神話中，「人」是作為最後的創造出現的，彰顯了「人」的重要，也因為這個人的具體「肉身」形貌來自於「上帝」的模擬，更加強了「人」的尊貴性。

因此，從〈創世紀〉的初始來看，基督教對待「人」的態度有一定的崇高性。

但是，《舊約聖經》對「人類」的態度卻逐漸發展到與上帝對立的狀態。

最明顯的例子是有關「伊甸園」的一則神話。

上帝把男人亞當安置在伊甸園中，亞當為所有的動物命名，突顯了「人」在「動物」間的主人地位。

之後，亞當睡著了。上帝趁他睡覺時，取下了他的一根肋骨，創造了女人夏娃。

而後，夏娃被蛇唆使，偷吃了伊甸園善惡之樹上的「禁果」，違反了上帝的禁令，被逐出伊甸園。

被逐出伊甸園，人類開始了肉身的懲罰、肉身的流浪、肉身的放逐，以及肉身贖罪的過程，成為此後基督教重要信仰核心。

馬薩其奧（Massacio）作品｜逐出伊甸園

亞當與夏娃是基督教藝術中不斷處理的主題。因此，在基督教成為主流思潮的中世紀，雖然希臘的肉身美學被禁止，卻並沒有完全斷絕對人體的描繪。在西方藝術史的中古時代，以「肉身」為主題的作品仍然占據主流的地位。

只是，基督教的「肉身」是被放逐的「肉身」。肉身背負著亞當及夏娃所觸犯的原罪。

「肉身」被烙印了羞恥、罪惡，背叛上帝的標記。

「肉身」要承當被流放的處罰。

「肉身」存在的意義不在現世。

「肉身」存在的唯一目的只在贖罪而已。

基督教信仰中，嬰兒誕生之後即接受「洗禮」。「洗禮」即是洗去「肉身」原罪。

「肉身」原來是「上帝」形貌的摹擬。「肉身」原來充滿神性的完美。但是，因為偷吃了禁果，「肉身」墮落了。「肉身」的存在充滿慾望、貪婪、罪惡。在「肉身」流放的漫漫長途中，「肉身」努力在罪苦懲罰中渴求回到原來神性的完美。

肉身可以回去嗎？

西方的文學史裡，但丁的《神曲》、漢米爾頓的《失樂園》

都從這一思索展開，杜斯妥也夫斯基的《罪與罰》也在闡述這一主題。

肉身背叛了上帝，又渴望與上帝復合。

也許，在基督教的體系中，「肉身」承受了比希臘、羅馬時代更多的表情——羞愧、貪婪、墮落、驚恐、痛苦、沮喪、絕望，而所有的表情都指向唯一的目的——肉身救贖。

原始的《舊約聖經》中充滿了人類「肉身」流放的歷史。亞當、夏娃的被驅逐，只是人類漫長流放歷史的開始。

夏娃有兩個兒子，哥哥該隱務農，弟弟亞伯牧羊。二人都向上帝獻祭，該隱獻祭農業的穀類作物，亞伯則獻祭肥羊。上帝喜愛亞伯的獻祭，亞伯得寵。該隱因失寵於上帝而嫉恨，殺死了亞伯，因此被上帝懲罰，帶著額上恥辱的印記，到處流浪。

在古老希伯來的寓言中，上帝永遠在選擇與分別祂喜愛和不愛的對象，分別人的善與惡，施予神的賞賜或懲罰。從挪亞的方舟到所多瑪城的被毀滅，這個權威十足的上帝常常憤怒地以激烈的手段摧毀祂親手創造的人類。

人類的肉身，只有在背叛和救贖兩種選擇之間。

希臘的神話中，人的肉身與神之間的界限並不清楚。完美的人的肉身，似乎同樣具備著神性。而在諸神之中，也充滿著人性的慾望、嫉妒、情愛……等等。

在基督教的《舊約聖經》之中，人與神的界限絕對分明。人的肉身，沾帶著原罪，等待救贖，也絕無逾越上帝的可能。

上帝可以沒有理由地試探人，人卻只有卑微地順從與絕對的信奉。

古老的以色列神話，在羅馬帝國時代，在淪為殖民地的境域中，似乎反而彰顯了它強韌信仰的力量。

從《舊約聖經》到《新約聖經》，歷史上叫做「耶穌」的「人之子」，將以「肉身」來到人間，為人類贖罪。

「人之子」，耶穌，屬於神？屬於人？

祂是傳說中的彌賽亞，救世之主。是與上帝「三位一體」的精神上至高的神。然而，祂又顯現成為「肉身」。以受苦難的「肉身」示現於眾人面前，以釘在十字架上酷刑中死去的「肉身」成為世界上影響力巨大的「肉身」符號。《新約聖經》的書寫緩和了《舊約聖經》中人與上帝的絕對關係。耶穌是上帝之子，又是人之子，祂兼具了神性與人的肉身。

也許必須承認，基督教的「肉身」符號逐漸取代了希臘式的「肉身」，成為西方圖像的主流。

阿波羅、維納斯的肉身符號，讓位給了基督信仰的耶穌，一個釘死在十字架上受最大懲罰與痛苦的肉身符號。

跪在這個符號前面的人，都希望自己的肉身，經驗同樣的懲罰嗎？

格呂納華德（Mathis Gothart Grünewald）作品｜耶穌的酷刑

《新約聖經》的故事陸續被整理成圖像，貫穿整個西方藝術史，畫成壁畫，雕刻成浮雕，製作成馬賽克的鑲拼藝術。基督教的圖像，圍繞著耶穌，被不斷賦予新的象徵，涵蓋

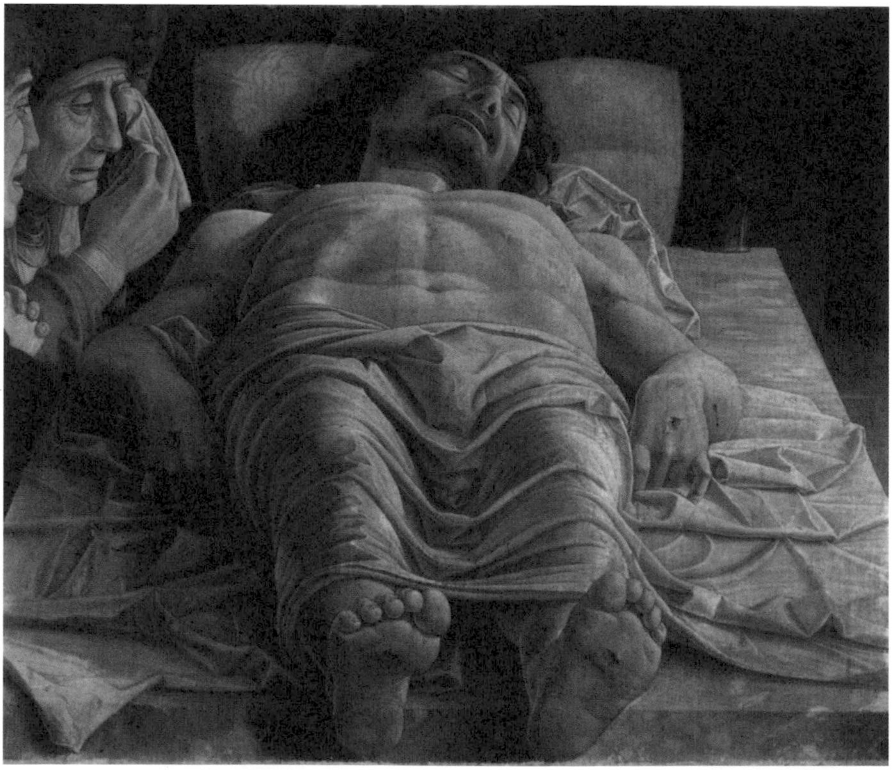

曼坦納 (Andrea Mantegna) 作品｜死去的基督

著整個西方人的生命價值，無遠弗屆，至今已成世界性的符號。

如果以歐美重要博物館的收藏來看，繪畫和雕刻的人物故事主題，基督教的部分，已遠遠超過希臘神話的主題，基督教的「肉身」詮釋也可以說深入於西方人的精神本質中了。

在羅馬建國之初，基督教徒飽受迫害，他們流離失所，被鞭打、監禁、火燒處死、遭受種種酷刑。這些立教之初的記憶成為信仰中不可破解的部分。到了基督教執掌政權的時代，他們以同樣「異端」的心態對待希臘文化，用同樣殘虐的方式打碎希臘人體雕像，火燒或以種種酷刑殘虐「異教徒」，在「殘虐」人的本質上，並無不同。

而基督教也不斷以釘死在十字架上耶穌的肉身，以及諸多受難殉道者的肉身形式來傳述「肉身救贖」的意義。

所有跪在十字架下的信徒都在藉這一酷刑的符號轉化自己受苦中肉身救贖的渴望。

救贖成為「肉身」更大的激情。

肉身新約

《新約聖經》的圖像在漫長的中世紀幾乎是西方民眾的教科書，從中學習著有關「受孕」、「誕生」、「流亡」、「屠

達文西作品｜天使報喜

殺」、「布道」、「告別」、「死亡」、「復活」……等等與人類肉身存在相互印證的畫面。

最早的基督教留下的圖像不多。在羅馬統治的時代，基督教遭受迫害，隱匿在地下的教徒，只依靠著非常簡單的十字符號等極簡化的暗示傳遞信仰的訊息。

但是從《新約聖經》的描述中，許多關於「肉身」的課題早已準備著占據西方圖像的主要位置。

被稱為「Anunciation」的場景，有人譯為「天使報喜」，有人譯為「聖胎告知」，有人譯為「聖靈受孕」。

畫面上可以看到聖母瑪利亞端坐室中，有翅膀的天使自左側進入，一手拿著象徵處女的百合花，一手向瑪利亞傳達聖靈將借她處女的肉身受孕。如同神啟，瑪利亞感知了上帝的力量，不經由肉身「性交」，腹中借聖靈有了胎動，懷下了「人之子」耶穌。

性交——肉身最原始的悸動被包裝成純粹精神性的「聖靈」神啟。

這個聖靈借「肉身」受孕的故事，長期成為西方藝術的主題。每一位藝術家對這段《新約聖經》的詮釋也略有不同。但是，耶穌是上帝之子，卻從一名處女的人的「肉身」取得了血肉之軀，成為「人之子」，也以「肉身」贖罪，釘死在十字架上。

這個故事裏蘊含著基督教對「肉身」的深沉思維。

延續著古老《舊約聖經》「肉身」贖罪的傳統，又使聖靈得以顯現在「人」的「肉身」之中，耶穌成胎的故事，使希伯來傳統中「人」與「神」的位置有了新的轉換空間。

「受胎」之後是「誕生」。天空中的伯利恆之星昭告著不凡人物的誕生。耶穌以嬰兒的形式出現，誕生於簡陋的馬槽中，受牧羊人的禮讚。「誕生」的圖像是取得「肉身」的喜悅。受世人的祝福，也是普天下都感覺到和平與幸福的時刻。

基督教顯現在《新約聖經》中的肉身思維，不再只執著於希臘式的青春或埃及人的死亡，而是在延續的意義上使肉身可以從俗世到聖潔，從罪苦到拯救，從卑微到獲致崇高榮耀的昇華。

因為耶穌的誕生，羅馬統治的以色列有了「新主誕生」的傳說，於是統治者殘酷地屠殺嬰兒，以杜絕政權上不安的恐懼。

耶穌受天使庇護，由父母帶往埃及避難。人世間的嬰兒則遭遇恐怖的斬殺。

「肉身」始終在劫難之中，無辜的嬰兒亦不能免。

基督教的確比埃及、希臘更多了一層肉身的隱喻。

基督教的聖經畫面，在中世紀，一一凝鍊成「聖像」(ICON)，以不可抗拒的圖像力量建立人世的最高信仰。

「受胎告知」、「耶穌誕生」、「三王來朝」、「出埃及記」與「嬰兒屠殺」一一成為西方文化的圖像經典，一再被詮釋，也一再產生新的象徵。

希臘的肉身，常常以獨立的姿勢存在，獨立成為審美的對象。

基督教的肉身卻必須連接成肉身的故事。

耶穌長大了，他的肉身在約旦河中接受如同凡人肉體的洗禮。他召喚門徒，行走於荒野之間，肉身經歷魔鬼的誘惑試探。他在人的肉身中體現神的意旨。在眾多的信眾前，他施展奇蹟。他的肉身行走於海面之上，他使清水變成了酒，他以五餅二魚餵飽了上千的群眾，他使瞎子重見光明，他使死者拉撒路復活……。

耶穌的肉身從「人」修行為「神」，是肉身成道。

但是，道成肉身，他依舊回到肉身的卑微，仍然以肉身的受苦與死亡完成人世最終的救贖。

西方美術一再處理「最後晚餐」這一主題，「最後晚餐」中的耶穌，預告了自己的死亡。

最後一次與十二門徒晚餐，耶穌把麵包傳下，說：「這是我的肉身，你們吃罷。」又把紅酒傳下去，說：「這是我的血，你們喝罷。」

做為基督教最重要的彌撒儀式，耶穌註定要用血肉之軀的「肉身」來完成最後的救贖。

離開「肉身」，並無修行，也無救贖可言吧。

肉身救贖Ⅱ——基督教的人體美學Ⅱ

在漫長的中世紀，
基督教「聖像」符號化，
肉身被簡約成為一種符號，
只提供信仰與救贖，
不沾帶任何與真實肉身相關的記憶。
肉身成為符號，
無關「痛」「癢」。

從教義來看，基督教似乎輕視肉身，甚至貶抑或壓制肉身，以期反證襯托出精神的崇高。

在基督教成為主流信仰的初期，也的確看到西方的人體美學走向形式化、概念化的跡象。原來充滿肉體真實性和表現性的希臘人像，逐漸被寬大呆板的宗教外袍所遮蓋。肉身被遮蓋隱藏，包裹在衣服中，當然意味著不能面對的肉身的羞恥與罪惡。

在漫長的中世紀，基督教「聖像」符號化，有了一致固定的形式，師徒相承，不可任意改變。

肉身被簡約成一種符號，只提供信仰與救贖，不沾帶任何與真實肉身相關的記憶。

肉身成為符號，無關「痛」「癢」。

中世紀的基督教人體符號，逐漸配合高大的哥德式教堂，在高聳的建築空間裡，配置著一尊一尊窄長細瘦的人像。這些人像，大多除了頭部以外，身體部分都極度簡化，被安置在狹長的固定空間裡，缺乏任何轉動的可能。

中世紀的人體，在教會諸多的禁忌包裹下，還是有極具美學特徵的內涵，隱匿著內斂拘謹的魅力。

希臘的肉身如花綻放，釋放了全部花朵盛開到極致的燦爛。

基督教的肉身卻聖潔如花含苞。在禁制守約的內斂裡，使肉身如等待開啟的祕密之花。那種極度內蘊的激情，向內蜷縮，的確如處女懷胎，使肉身起顫慄與悸動。

肉身在歷史中，有時甦醒，有時沉睡。

僅只把甦醒做為肉身唯一的狀態，也許正是另一種不自覺的褊狹。

基督教使肉身在沉睡中醞釀不同的肉體經驗，如酒麴在土甕中發酵，暗藏密閉的肉身激情，在黑暗悶鬱中等待開啟。

文藝復興初期，最常被藝術圖像做為主題的「聖胎告知」，的確是基督教《新約聖經》中隱含的重要象徵。

聖母瑪利亞，或許被神聖化了。因為是聖母，她的「肉身」，不可以有俗世肉身的褻瀆。她的「肉身，只等待著被「聖靈」充滿。

但是，這是「處女」的肉身。

一道「聖靈」的光穿透她的身體，鴿子在空中出現，她的「肉身」受胎，子宮內孕育了「肉身」的耶穌。

天使逼近她的「肉身」，手中拿著一支象徵處女純潔的百合花。

「聖靈受孕」的故事隱含著「性」的本質。

瑪利亞在圖像中的表情姿態，有時安詳寧靜，有時驚懼慌張。一手撫胸，或兩手交握胸前，有些向後退縮的表情。

鴿子、百合花、一道金色如銳箭的光。

基督教與「肉身」的《新約聖經》，充滿了象徵和隱喻。

基督教中關於「處女」「肉身」受孕的故事不只一則。施洗約翰的母親伊莉莎白也是同樣經由「聖靈」受孕懷胎。

在古老以色列的傳說中，處女的「肉身」隱含著為神靈準備的聖潔意義。

女性肉身被看待的方式，處女象徵的一再強調，似乎都彰顯著希伯來基督教文明特殊的父權結構。

女性的肉身是在被「徵召」的狀態。女性對自己的肉身並無選擇，也無從抗拒。在強大的父權「徵召」下，女性只有充滿蒙受恩寵的感謝。

沒有人敢從反向思考：如果瑪利亞當時拒絕受孕呢？

耶穌從處女的母親取得「肉身」的故事或許就要有另一種版本了。

中世紀的經院哲學曾經對「處女受孕」的事有所爭辯。處女如何懷胎？聖靈如何以一道光的形式進入處女的肉身？在形式莊嚴神聖的宗教殿堂裡，這樣的討論充滿著不可言喻的「性」的挑逗。

的確，「性」與「肉身」，都在極度隱喻遮掩中更突顯了令人悸動的激情。

馬提尼（Simone Martini）作品｜天使報喜｜傳達處女受胎的錯愕與恐懼

十九世紀末，二十世紀初，工業革命之後的歐洲，許多現代的藝術家仍孜孜不倦於解讀古老基督教的圖像。那些圖像，一旦剝除了宗教的外衣，從神聖的祭壇上被拆解下來，才發現內在的本質仍然是赤裸裸的「肉身」。

據說，經過長時間教義辯論，聖靈使處女受孕的故事，得到了大家比較滿意的結論；一位經院哲學的論辯者反問詰難者：為何光可以穿透玻璃，而又不傷害玻璃？

這樣令當時正反兩面都滿意的答案，的確不像是在討論宗教上的難題，而更像是給物理學一個新的空間，也同時給「性」的激情更多奇想意淫的空間罷。

現代的藝術家有可能重新拆解與組構新的「聖靈受孕」的畫面。

當「聖母」不再是「聖母」，而是「處女」。當「鴿子」不再是「聖靈」，而是一種「鳥」。當「百合」不再只是一朵花，而是一種「器官」。

也許，宗教的隱喻裡暗藏著更多「肉身」有趣而又奇幻的元素。

「圖像」，往往比「文字」更具備隱喻性。

在人類文明中可以一再被解讀，被重新解讀，甚至從負面與反向解讀的「圖像」，才具備「圖像」真正內蘊的力量。

基督教的「肉身」隱喻是最周密的，也因此更具備「謎語」的本質，也更具備不斷被拆解及重新組構的可能。

「聖靈受孕」只是取得「肉身」的開端。

耶穌終於取得了「肉身」，從「神之子」成為「人之子」。此後，他（祂），像凡人一樣，要開始有一切「肉身」的艱難。

達文西對「聖嬰」時期的耶穌極感興趣。他畫過幾次嬰兒的耶穌與嬰兒的施洗約翰對望的畫面。「肉身」將要承擔大痛楚、大災難，然而「肉身」無知，「肉身」常如嬰兒，天真爛漫。宿命的悲劇卻早在「肉身」之中，只是肉身渾然不覺而已。

達文西借嬰兒的肉身說著令人泫然欲泣的悲劇。

基督信仰的肉身覺醒貫穿了整個歐洲文明，到了文藝復興，人們重新從廢墟裡找到古希臘雕像，斷手斷腿的阿波羅、維納斯，赤裸裸，如此坦率直接，經過一千年衣服的包裹，經過宗教嚴厲的禁制約束，人類的肉身要起大震動。米開朗基羅的「聖母抱耶穌屍體」來源於「聖像」中的「Pietà」，本來是闡述耶穌屍體從十字架上卸下，聖母悲慟欲絕的表情。

然而，在米開朗基羅的雕像中，「悲慟」轉換了。橫躺在聖母懷中的耶穌年輕俊美，完全不像屍體，聖母俯視懷中男子肉身裸體，如此優美安靜，他（她）們都是古希臘的異教神祇，在基督信仰裡借屍還魂了。

肉身回到人間，肉身纏綿眷戀、貪嗔癡愛，重新要做人世的功課。

米開朗基羅作品｜聖母抱耶穌屍體

新月肉身——美索不達米亞的人體藝術

所有在那流淌著美麗河流上的
土地兩岸上的孩子，
都將永遠記憶著母親
厚實的肩膀、乳房、手臂和大腿。
這麼厚實富裕，
才有可能是「母親」罷。

在底格里斯與幼發拉底兩條大河之間，形成了一塊狹長新月形的土地。這一塊界於地中海和波斯灣之間的狹長流域，產生了人類最古老的文明。

古代的希臘人稱這塊土地為「美索不達米亞」（Mesopotamia），意即「兩河之間」。

法文裡，這塊彎月形的土地有更為美麗的名字「Croissant fertile」。「Croissant」是「新月」，是天空中彎如細眉的初月。「Croissant」也是法國人早餐時加了奶油烘焙的彎月形麵包。「Croissant fertile」被翻譯為極美的漢字「肥腴月彎」。

「肥腴」是指土地的肥沃、水源的豐沛、草樹的繁茂、生命的富裕豐美罷。

「肥腴月彎」似乎可以使人遐想土地，也可以遐想這土地上文明曙光裡初初綻放的肉身的厚實飽滿。

文明似乎是最初喚醒肉身的一種光。

黎明初始，肉身從沉睡中逐一轉醒。感覺到眼球轉動，手指指尖微微有了知覺。

感覺到清冷的空氣通過鼻腔，充滿整個肺葉中每一處空隙。

感覺心臟的顫動擠壓跳動，使溫熱的血流在體內運輸、迴環、行走。

在粗糙奔忙的生活中是沒有肉身覺醒可言。

肉身覺醒開始於靜下來感覺到自己的身體。

感覺這身體，富裕沉厚如大地。感覺這身體，如同數千里坦蕩的沃野，如同浩蕩的大河間濕潤溫暖，是可以生長萬物的谷地平原。這肉身，如同起伏跌宕的山丘峰巒，可以諦聽風聲雨聲，可以與天上的星辰一同移轉變遷。

美索不達米亞最早在女性的肉身上發現了天地自然的力量。

他們以土捏塑女性肉身；土，是肥腴可以生長萬物之土，肉身，也是肥腴可以繁殖生命的肉身。

一件粗粗用土捏塑的女性肉身，只有八・三公分高，不到一隻手掌的長度。這麼小的人像，女性肉體的特徵卻非常明顯。

其實，她的頭部是完全抽象的，沒有眉、眼、鼻、嘴、耳朵，連臉的輪廓也不確定。

但是，從頸部以下，厚實的肩膀，連帶著粗壯有力的手臂，手臂婉轉地迴環在碩大飽滿的乳房下緣。一對豐碩的

乳房，膨脹厚實，占據肉體最重要的位置。

兩手交握在胸前，在雙乳之間，很隨意捏出的手，可以感覺到手指輕輕觸碰著肉身，彷彿對自己的肉身無限深情，無限珍惜，也無限自豪。

歡喜讚歎，終於有了如此富裕的肉身。

也許，說這是女性的肉體，並不完全正確。

這尊飽滿如大地的肉體，其實是飽含了「母性」力量的身體。

女性，並不等同於母性。

裸婦小坐像｜約西元前 6000-5100 年，現存羅浮宮經過繁衍、生殖，經過孕育和哺乳，女性的身體才完成為「母性」。

美索不達米亞最早的女性塑像，其實是「大地之母」的歌頌。

大約七千到八千年前，在潺湲的兩河之間，在肥腴的土地上，穀類與果實繁殖榮茂，牛羊牲畜也在繁殖。

萬事萬物都在繁殖，宇宙之間，沒有比生命的繁殖更重要的事。人在萬物的生長裡知道了生命最初，也最永恆的本質是——「繁殖」。

那時男性的身體還尚未完全覺醒。

在半遊牧、半農業的生活中，母性擔當了懷胎、孕育、生產、哺乳的各個過程。

每一個成長的生命，都牢牢記憶著母親的身體。那厚實可以承當一切的肩膀、那豐碩飽滿可以餵養滿足一切的乳房、那粗壯有力可以呵護一切的手臂，以及那輕柔溫暖的手指，可以撫慰溫暖一切痛苦不安。

母性肉身，豐美富裕，正如同沃腴大地。

這尊女性裸像也正是六千年前兩河流域用來祝禱萬物生長、祝禱農業與畜牧繁殖昌旺，祝禱人的生命綿延不絕的女神。

這象徵豐饒的女神，頭部不是重點，肉身才是真正的主體。不但誇張了肩膀、手臂、乳房，也包括臀部和大腿，使人至今仍感覺得到這肉身裡飽滿不可限量的生命原始活力。

以造形來說，二十世紀初以後，所有現代藝術的各種主義流派都重回了這個原點。這是畢卡索的原點，是馬諦斯的原點，是亨利摩爾（Henry Moore），也是布朗庫希（Brâncuși）的原點。

現代藝術家嘖嘖稱奇，六千年前如何能有這樣簡潔而又大氣磅礴的造形能力。

但是，肥腴月彎上的人們一定不這樣想。

他們的頭腦裡沒有主義流派，也不會有所謂「造型」（Forme）的概念，他們其實只是迷戀熱愛肉身吧。

所有在那流淌著美麗河流的土地兩岸上的孩子，都將永遠記憶著母親厚實的肩膀、乳房、手臂和大腿。

這麼厚實富裕，才可能是「母親」罷。

他們在長大之後，那揮之不去的「母親」的肉身，如此真實，隨手用大地上的泥土捏塑，就是母親的形象了。

因此，這個母親也並不完全寫實，和解剖學的真實無關，所有的變形或誇張都只是記憶裡的準確。

美索不達米亞地區對生殖、繁衍的祝禱，逐漸演變，從軀體飽滿的大地之母形象，總結成女神伊希塔（Ishtar）。

伊希塔在漫長的兩河流域神話中成為最重要的神祇。她常以星辰的符號做象徵，和太陽神沙瑪夏（Samash）的日輪，月神辛（Sin）的新月，共同成為天空中最重要的主宰力量。

一件距今約四千年的伊希塔瓶，在拉爾薩（Larsa）出土。陶瓶上以彩繪和雕刻的雙重技法畫出了伊希塔女神。女神雙手上舉，似乎在為眾生祈禱，四周有浮刻的魚、龜、禽鳥等動物，仍然代表女神繁衍萬物的力量罷。

這裡的女神伊希塔，頭上戴著象徵神格身分的四層牛角尖

錐冠，全身赤裸，胸前配戴項鍊，手上有手鐲。受到眾人的崇拜供奉，大地之母已不似初民時那麼素樸渾厚。她的後背上還多出了翅膀，特別說明神性的能力罷。

乳房是隨意畫刻出的兩個圈，倒是下身生殖器的部位強調，以倒三角的方式誇張地表現出來。「生殖」、「繁衍」的功能仍是這女性肉身最原始的崇拜。

在距今四千年前左右，美索不達米亞以裸體女性肉身為對象的作品出現數量不少，大多與豐饒繁殖的祈求有關，也一致對女性肉身的哺育生殖部位特別重視。

美索不達米亞從初始的農業逐漸繁榮起來。村落擴張為城市，貨物的簡易交換變成具契約性質的大型貿易。原有兼具祭司角色的族群領袖，演變成了權威的帝王。社區間的紛爭，演變擴大成掠奪與毀滅性的戰爭。原來簡略草率約定成俗的民間習慣，必須制訂成嚴格的法律條文。

男子忙於戰爭、忙於貿易、忙於爭奪政權，忙於建立城市與帝國。

就在漢摩拉比制訂舉世聞名的法典之前，一名女子嫵媚站立，雙手舉起一朵盛放的花。她把花拿到鼻下嗅聞，彷彿在男性建立帝國的同時，她堅持著女性世界的寧靜從容。

她相信，在戰爭和法律之外，在帝國之外，還有可以認真去凝視一朵花的文明。

她側面站立，姍姍而來，身上的曲線婉轉，在流動如水紋的衣裙褶飾下，感覺得到女子溫柔婉約的肉身之美。

她的頸脖上套著十一隻項圈，黃金、銀飾、水晶、琉璃、紅玉髓、瑪瑙，各種鑲嵌珠寶都已成熟，用來豐富女子的肉身。

她的頭上也戴著四層牛角的尖錐冠，所以身分已是女神。

好像應該相信，可以這樣閒雅自在，拿著一朵花、凝視一朵花、嗅聞一朵花，女子的肉身也就有了神的屬性。

在人類建立男性肉身陽剛霸氣的形象之前，肥腴月彎的初民，在河流兩岸的村落文明，提供了令人難忘的女性肉身永恆的寧靜與包容。

帶翼女神陶板｜約西元前 2000 年，現存羅浮宮

慾念肉身——印度人體美學

肉身騷亂不斷，
在光的迷離、
色的幻化裡耽溺、縱情感官，
一如大河氾濫。
慾情深處，或許正是領悟的起點罷。
光的迷離、色的幻化，
也正是對「空」——的驚寤的開始。

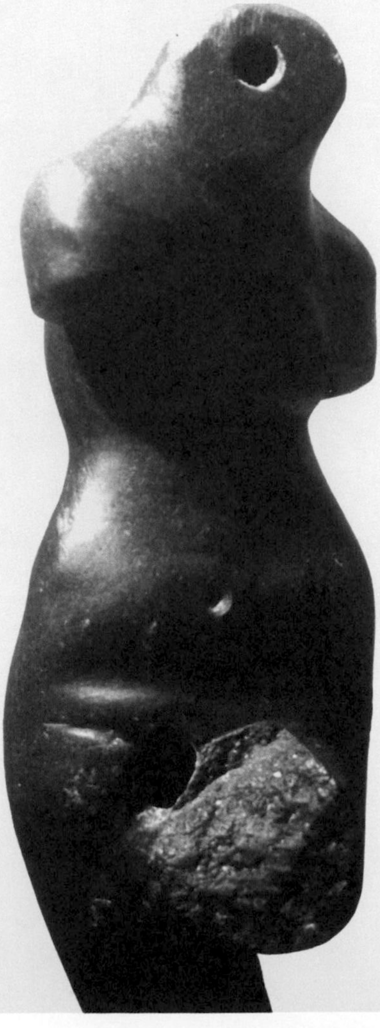

印度河流域開挖了一些文化遺址，像摩亨佐・達羅（Mohenjo-Daro）或哈拉帕（Harappa），時間可以推到距今五千年上下，比吠陀經典及佛教產生的時代都要早。

這個被統稱為印度河谷文明的出土遺址中，有不少與美索不達米亞文物相近似的美術形態。

兩河流域蘇美文明（Sumerian）的人像，形成了比較固定的風格。男子族長式的權威形態、神權與父權的結合、在雕刻上鑲嵌寶石的裝飾風格，都影響到印度河谷文明。現存新德里中亞博物館的一尊印度石雕「祭司像」，幾乎會被誤認為是蘇美人在美索不達米亞的作品。

兩河流域的文明顯然已波及到印度河流域，甚至做為一個整體文化來看待。有些學者直接稱呼這時期印度河谷文明為「印度—蘇美文化」（Indo-Sumerian），這也說明了

印度本土風格尚未成形之前，只是兩河古文明的一個旁支而已。

文明如同生態，即使從外地移來的種子，具備原有基因的雛形，但是，經過長久的演化，必然在不斷適應特殊地區的氣溫、土壤……等客觀條件下，慢慢會發展出自己獨特的風格。

印度河谷文明的外來特徵，不多久，也就被本土生長出來的特有風格替代了。

現有新德里國家博物館的一件男子裸體石雕，常常被拿來做為印度人體美學風格成熟的實例。

這件作品已十分殘破了，現存的高度只有四英寸，大約十公分高，以黑色石灰岩雕成，被推測可能是一件男子舞蹈的姿態。

人體重心落在右腿，左腿高舉，整個軀體呈現一種旋轉的力量。腰肢纖細，腹部的線條非常柔軟，甚至透露出類似女性肢體的嫵媚感。

在其他的文化中，很少有如此表現律動和扭曲的胴體。

埃及的人體始終強調中軸線，強調對稱與平衡，僵硬而且平板。

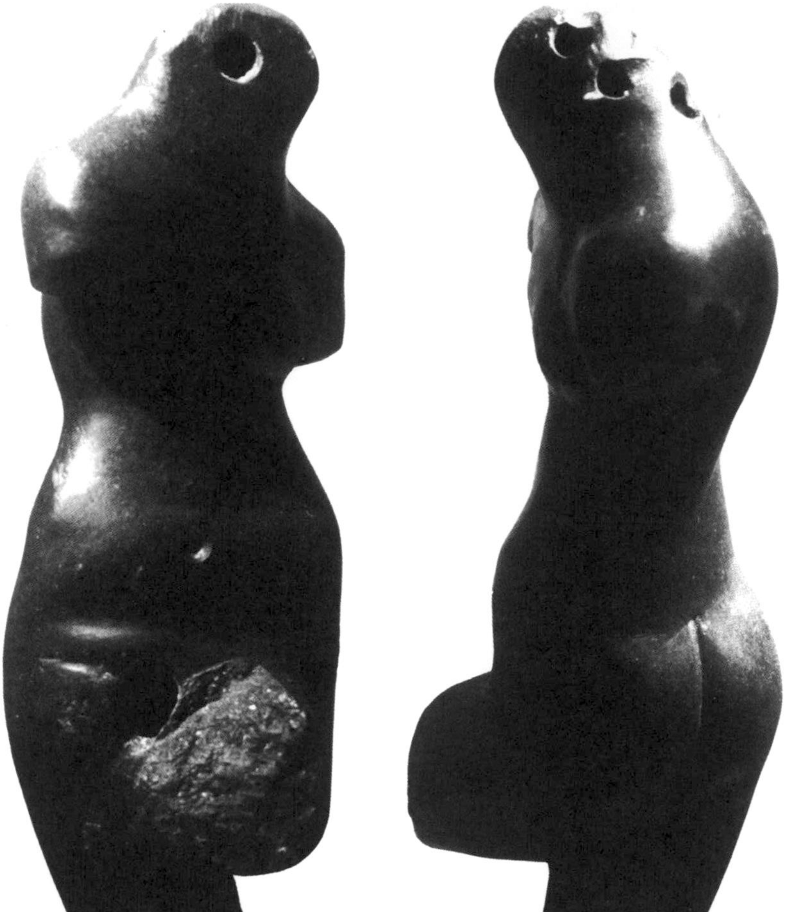

印度上古時代這件石雕，完全打破中軸線的觀念。無論從任何一個角度看，舞者的身體都產生不對稱的關係，重心的極度偏離，也使身體扭曲律動，線條在不平衡中卻極富變化。

埃及的人體常常習慣於把身體歸納成近於幾何性的簡化形態。在中軸線、對稱、平衡、幾何、簡化……等等元素的規範下，埃及的人體提供了絕對靜止的莊嚴。人體永遠正面朝向死亡、凝視死亡，彷彿封凍在死亡中的身體，嚴肅瞪視著唯一復活的焦點鵠的，不敢有一點放鬆。

印度的身體卻如花開爛漫，在炎熱的陽光下，享受著自由、解放，甚至是最放縱的感官慾望。

埃及的身體封存在靜止的時間之中，追求永恆的靜定，彷彿時間剎那間冰凍，身體的線條僵直繃緊，沒有體溫。

印度的身體柔軟流動，彷彿是穿流過花叢的蛇，彷彿是熱帶暴雨後迅速生長的野生藤蔓，繁密糾纏。

如果埃及賦予身體凝視死亡的莊嚴，靜止在永恆之中，印度則將身體釋放出感官慾望的極限，在剎那的流轉中享受肉身的喜悅，喜悅到顫慄迷狂的地步，喜悅到肉身全然只是陶醉與恍惚。

如果埃及賦予肉身絕對理性的端正，印度則使肉身回復到感官底層的原始狀態。

肉身並沒有道理可言，肉身並不是邏輯，肉身也並不是規則。肉身的底層，可能騷動著理性無以理解的官能茫然、神祕、奇幻卻又強大的悸動喘息。

印度的肉身有一種熱烈的慾望，幾乎無法局限在視覺冷靜的觀察下；印度的肉身每一分每一寸都是挑逗與誘惑，使人渴望撫摸、渴望親暱、渴望擁抱。

如果埃及試圖使肉身不朽，印度或許極早領悟了肉身如熱烈炎日下的盛放之花，其實宿命著腐壞凋敗的本質罷。

在印度的肢體上，看到一種原始慾情的流盪，包括眉梢的彎曲，包括眼波的勾引，包括身體到四肢的扭動，包括細微如手指的拿捏……印度現今保留在戲劇及舞蹈中對肉身體態的詮釋，仍然飽含著嫵媚的慾念之美。

在印度的肉身裡似乎始終以慾情為主體。身體的迴環、扭動、搖擺、肢體的纏繞、旋轉，都與慾念最深的性的萌動有關。

慾情是極大的官能的享樂，慾情又同時是苦惱與憂傷的開始；慾情是生的動機，又同時隱含著朽壞腐敗的宿命。

印度在吠陀經典之前已如是思考，印度在佛說的諸多領悟中也仍然如是思考。

漫漫夏日，藤蔓與蛇相互糾纏，那些午後曖昧不明的夢魘，使肉身激盪，滿滿都是勃起的慾念與汗水。

肉身騷亂不安，在光的迷離，色的幻化裡耽溺、縱情感官，一如大河氾濫。

謝旺霖攝影

謝旺霖攝影

慾情深處，或許正是領悟的起點罷。

光的迷離、色的幻化，也正是對「空」的驚寤的開始。

那個滿是慾情的肉身，也正是此後要苦苦修行的肉身；那個為苦惱與憂傷糾纏的肉身，也正是在樹下靜坐，從迷夢中驚寤的肉身；那個負擔著朽壞與腐爛的恐懼的肉身，也即是領悟了生死，可以清明正視肉身流浪的另一個全新的「肉身」罷。

印度詮釋肉身的方法使人耽溺，也使人開悟，耽溺與開悟，也都不離肉身本體。

從任何角度來看，印度都提供了世界上最豐裕飽滿的肉身。

也許因為氣候的炎熱罷，印度的肉身如自然中的果實，瀰滿著成熟到芳香四溢的官能的誘惑。

尤其以女性肉身來看，對乳房豐碩的誇張，對臀部厚實的誇張，都幾乎延續著原始地母生殖崇拜的原型。

而女性站立的姿態也極盡曼妙嫵媚，通常都使身軀在明顯的重心偏離狀態。

一般來說，埃及的人體是雙腳平均分擔身體的重量，靜止在絕對的平衡之中；希臘借助於運動，使身體重心偏移到一隻腳，但另一隻腳仍維持著牽制平衡的作用。唯有印度的人體，往往刻意打破平衡，使身體在律動、旋轉、扭曲的變化之中，形成與埃及人體完全不同的另一種極端。

色、聲、香、味、觸，印度是許多古文明中特別耽溺於感官的文化。色相的細膩，聲音的呢喃、氣味的瀰漫、味覺的濃郁、觸覺的迷離，存在於肉體的眼、耳、鼻、舌、身的器官之中。官能顫動，如花朵中的蕊心，如同蕊心上細細的粉末，被蜂蠅觸動，從生殖的底層裡騷動起來。

那肉身如同肥沃的大地，如此起伏迴旋，要使人一唱三歎。

印度常被誤會是佛教的靜定空靈，去過印度，知道印度的佛教早已式微，原始印度信仰仍然主導著今日的印度，奇幻、迷離、原始、慾情、感官，瀰漫著嗅覺與觸覺的陶醉，每一具肉身都充滿慾念，在著名的性廟「卡糾拉荷」（Kajoraho）神廟雕刻滿滿都是慾念的肉身，男女肉體糾纏擁抱，各種姿態，冶艷、曼妙、淫蕩，放任感官享樂到極致，沒有任何拘束規範。然而，這樣放縱慾念感官的肉身，也恰恰是廟宇外千萬苦行苦修肉身的開始。

從「慾念肉身」到「苦役肉身」，印度提供了最極端也最迷人的功課。

苦役肉身——印度佛教的肉身修行

從肉身的慾念貪戀中驚寤，
肉身有了修行的開始。
心靈上的痛，難以承擔，
要依賴肉身的痛來解除轉移。
只要有肉身存在，
就無法解脫生老病死。

從肉身的慾念貪戀中驚寤，肉身有了修行的開始。

佇立在恆河岸邊，即使傳統宗教裏有不允許哭泣的習俗，我還是看到了死者的親人啼泣哭號、毀壞頭冠衣飾、撕扯頭髮，捶胸頓足，甚至割殘身體。

心靈上的痛，難以承擔，要依賴肉身的痛來解除轉移。

死者的肉身在炎熱的氣溫裡發出惡臭，鮮花堆簇在屍身四周，花瓣腐敗的甜爛濃郁，混合著肉體腐壞的氣味。

蚊子蒼蠅在四周喧騰環繞不去。

篝木架床，擱置屍身，沿著大河兩岸，印度民眾仍以這樣的方式焚燒肉身。

告別肉身的方式一點也不隱密遮掩。

肉身的告別，和肉身的新生，都同在一條河流中。

有婦人懷抱剛出生不久的嬰兒，在河水中沐浴。

篝木在火光中焚燒，焚燒肉身，一切都清晰可見。

熊熊火光中依稀可見肉身蜷曲、緊縮、騰起，化成黑色或青色的煙塵，一縷一縷，彷彿深長的歎息，在空中消散而去。

謝旺霖攝影｜至今印度民眾仍沿著恆河兩岸篝木架床，擱置屍身，以這樣的方式焚燒肉身

印度對肉身的思考，似乎正是從死亡開始。

肉身是許多剎那間的慾念構成——「無明所覆，愛緣所繫，得此識身。」

《阿含經》中的句子是對肉身如此徹底的省視。

如果真如《阿含經》所說——「無明不斷，愛緣不盡，身壞命終，還復受身。」

在「身壞命終」的時刻，不是埃及人對「復活」的盼望，不是渴求「肉身」的不朽；相反的，對生命最大的恐懼，竟然是——「還復受身」。

我們的肉身，在死亡之後，還有另一個肉身。啊，也許這裡觸及了印度佛教思維的核心罷。

「還受身故，不得解脫生老病死，憂悲苦惱。」

只要有肉身存在，就無法解脫生老病死。

所以在「身壞命終」的時刻，最大的祈盼，是不再接受「肉身」了。

「無明斷、愛緣盡，身壞命終，更不復受。」

佇立在恆河岸邊，看火燒中焦黑殘斷的骸骨軀體，或化黑煙逝去，或推棄河中，隨波逐流，供魚蝦噉食，我親眼所見「肉身」的無常，或許是比經文更確切的教訓與開示罷。

僅僅從思維上推論，肉身的慾念、耽溺，與肉身的苦役修行，似乎是兩個不相關連的極端。

只有從印度對待肉身的方式，恰恰可以看到兩種極端同時並存的必然。

印度人體美術傳統中的妖嬈冶艷，充滿慾情挑逗與感官氾濫，恰恰是他們反觀肉身極限與肉身無常的基礎原點罷。

有關佛陀誕生的種種傳說，對信眾來說，是神聖不可褻瀆的經典。在印度早期佛傳的雕刻或繪畫中，卻沾帶著強烈的世俗肉身的熱情與飽滿。

摩耶夫人躺臥宮中，肉體豐腴圓滿，幾近赤裸，她夢到白色大象進入腹中，因而妊娠懷胎。

圖像歷史中的摩耶夫人造型，可能會使中土的佛教信眾大吃一驚。圖像世界的「佛母」並不是潔淨神聖的面容，而是流盪著豐滿的慾情的女體，充溢著感官的喜悅，飽含著生殖的原始力量。

在無憂林中，因腹痛生產的摩耶夫人，一手攀握樹枝，枝葉繁茂扶疏，果實纍纍，摩耶夫人腋下產下一子，即悉達多。

印尼婆羅浮屠石雕中的摩耶夫人

佛教經典應為悉達多太子成道後說法的總集，多為弟子聽講的紀錄，也使經典多保有「如是我聞」這樣忠實筆記的開頭。

悉達多出身宮廷，他一生的榮華富貴也成為思考無常幻滅的基礎。

佛教經典與印度原始史詩、經文，如《摩訶婆羅多》、《拉摩衍那》、《吠陀經》，多有相互參證之處。

以悉達多個人的修行來看，也保留了印度傳統如耆那教的苦行經驗。

佛傳所說「六年之間，日食一麻一粟」的苦修，是悉達多出家後第一階段的修行經驗。

心靈的痛，需要以肉身的痛來印證。

世人所見的佛陀像多是悟道後祥和圓滿寧靜的面容。

巴基斯坦保存的一件佛陀苦行像，描述佛陀苦修時飢餓體膚、形銷骨立的靜坐之姿；兩頰凹陷、肋骨條條突立、肌腱瘦羸，卻在精神上透露出非凡的堅毅力量，也許是思考印度從肉身的放逸縱溺官能，到內斂屏息、精勤苦行的一體兩面罷。

事實上《雜阿含經》中仍保有對苦行的描述，也正是今日

佛陀苦行像|約西元二世紀，現存巴基斯坦拉合爾博物館

在恆河岸邊仍然可以看到的景象：「彼自害者，或拔髮，或拔鬚。或常立舉手，或蹲地，或臥灰土中。或臥棘刺上。或臥桿上，或板上。或牛屎塗地而臥其上，或臥水中。或日三洗浴，或一足而立，身隨日轉，如是眾苦，精勤而行。」

「一足而立，身隨日轉」是恆河邊常見的苦修景象，也是瑜伽裡的「拜日式」。

《長阿含經》中說得極為動人：

「以無數苦，苦役此身。」

以肉身做為如仇敵一般憎惡的對象，以肉身做為亟待捨棄的對象，才能如此自苦吧！

《金光明經》說：「一切難捨，不過己身。」印度提供了與許多文化完全不同的另一種看待肉身的方式。

在殘虐侮辱自己的肉身裡思維肉身可以被捨棄的最大可能。

基督教的肉身殉道裡，突顯的是肉身受苦的莊嚴性與高貴性。

印度對肉身苦役的思考卻是把肉身置放在最低卑的層次。

「是身不堅，可惡如賊。」

《金光明經》裡對「肉身」的描述，竟是以「賊」來看待。因為「是身不堅，可惡如賊」，才能極盡一切心力，想方設法去「捨離」肉身。

信眾所熟悉的「割肉餵鷹」、「捨身飼虎」等等佛本生故事，常被參雜進中土「捨生取義」、「殺身成仁」的儒學觀點。其實，在佛典的原義，「割肉」、「捨身」只是單純厭棄「肉身」，不要再有生老病死苦的「肉身」拖累，並沒有儒家追求「仁義」的悲壯偉大的目的性。

「苦役肉身」還是似乎更應該從印度對「肉身」無常，對「肉身」厭棄的基本思維開始探討吧。

寵辱肉身I——中國人像藝術種種I

凝視上古陶土捏塑的那些渾渾沌沌的人像，
不怎麼堅持形狀，
似乎對存活沒有太多的意見。
風吹乾了，
變成漫天的灰沙，
被雨水滲透，
變成濕爛的泥濘。

在幾個古老的文明中，中國對肉身的表現一向比較忽略。遼寧省喀左縣東山嘴出土了一件新石器時代紅山文化的女性裸像，已經殘破，只殘餘五公分左右，卻明顯看出是妊娠中的婦女，與同一時間美索不達米亞，甚至歐洲出土的「地母神」造型同屬一個類型。

以懷孕的婦女肉體做為祈求繁衍、生殖、豐饒的象徵，新石器時代，在農業及製陶的初期，這一類大腹大臀的女性形象，幾乎在世界各地都是人像歷史的肇端。

在兩河流域、印度與埃及，人像藝術經過了「地母神」的

階段，很快轉型到男性權威者的塑造，大致與帝國的建立同時。王朝宗法的概念，建立了父權社會結構。父性的王者、祭司或族長，都兼具「神」性，也紛紛出現了以法老王、國王或雄性神為對象的巨大雕塑。

「地母神」的造型多以泥土捏塑，尺寸不大，渾樸柔和。

「父性神」的造型則多是石雕，在材質上強調堅硬與不朽；尺寸巨大，使人像呈現高不可攀的雄偉性。尤其在美索不達米亞及埃及，高達十餘公尺的男性雕像非常普遍，使父權結構的政治社會有了不可動搖的象徵。

中國上古時期卻始終沒有出現尺寸巨大的人像藝術。

先秦以前，無論以玉石、陶土、青銅或木材雕塑的人形，大多呈現卑微的存在狀態。其中尤以土製為最多。粗拙簡陋，彷彿人的存在沒有任何足以自豪誇耀之處。人的存在如同大地的泥土，是如此低卑的存在；從漫漫的塵土中來，又歸回到漫漫的塵土中去。

黃河上、中游，馬家窯、半坡幾個遺址出土的人像極少，大多數是器物，展現在低卑的生活中一種務實的性格。

少數的人像，有時只是器物的一部分，在陶瓶或陶罐上捏塑一個粗拙的人頭。人成為器物的一部分，茫然地看著自己，茫然地看著器物，似乎並不確定自己與器物究竟有什麼差別。

如果將上古時期中國的人像造形，置放在同一時間埃及或兩河流域巨大的人像的旁邊，也許會感覺到自卑罷？

幾乎大部分的古文明都曾經在巨大的人像中樹立權威、尊嚴、華貴、不朽、雄偉……等等令人欽慕的人體美學。

唯獨中國，到目前為止不曾出現巨大尺度，精神昂揚的人形。

中國美術上古時期人像的缺席，也許應當做為文化中重要的一項課題來思索罷。

先秦哲學中討論人的身體的論述非常少。儒家的典籍中把人置放在倫理的架構中討論，人，很少有獨立被論述的可

廟底溝遺址出土的彩陶人形器口瓶

能。

「身體髮膚，受之父母，不可毀傷。」

對身體的談論僅止於此。這肉身的存在如果有所謂意義，是因為歸屬於「父母」，仍然是從倫理出發的論點。「肉身」似乎並沒有被獨立討論的可能。

重視倫理，也就是重視群體，而輕視個人。

群體通常會以族群的符號來代表，個人的形貌及身體特徵的獨立性也就無從發展了。

從玉石、彩陶，一直到夏商的青銅器，出現大量動物的造形，尤以龍蛇及鳳鳥紋飾為最多，牛、羊、虎、魚、象、犀，都不在少數，唯獨缺少「人」的形象。

古代稱為饕餮，今人多稱之為「獸面」的動物造形，出現在陶器上，也出現在青銅器上，似乎是某種氏族圖騰的象徵。

這些飽含魅力的動物圖騰，雙目炯炯，彷彿氏族所有死去的祖先，盯視著後代子孫的一舉一動。不是任何個別人物的形象，卻是以氏族神祇的姿態出現，濃縮為族群共同的心理記憶，和今人的國旗國徽意義相同，卻更具有宗教祭祀上的莊嚴性與神祕性。

個人，因此消失在這些巨大的獸面之中。個人在族群的榮耀裡喪失了獨立存在的意義。

從人像美學來看，中國似乎始終無法使「個人」獨立自主地成為審美的對象。

「君君、臣臣、父父、子子」的嚴密結構，使「個人」必須一一嵌入社會倫理等級嚴格的秩序之中。「個人」的存在只有在巨大的家庭、族群、國家的牢固關係中才有了意義。

「個人」的面目是模糊的，「個人」也不可能突顯獨立自主的形貌與姿態。

犧牲掉許許多多「個人」的特性，或許是為了鞏固偉大的族群的符號罷。

「個人」是模糊的，「肉身」也是模糊的。「肉身」停留在一種渾沌不明的初始的狀態。

莊子中有關「渾沌」的故事是特別有象徵性的：

「中央之帝為『渾沌』。儵與忽時相遇於渾沌之地，渾沌待之甚善。儵與忽謀報渾沌之德，曰：『人皆有七竅，以視聽食息，此獨無有，嘗試鑿之。』日鑿一竅，七日而渾沌死。」

「渾沌」是中央之帝，是生命初始的狀態，渾沌曖昧不明，沒有眼耳鼻舌……等七竅。

儵與忽，為了報答渾沌，覺得生命最貴重的，無非是七竅，用來「視聽食息」。因此每天為渾沌鑿開一竅，七天之後，渾沌便死去了。

這個故事使人想起《舊約聖經》中的〈創世紀〉。〈創世紀〉是七天裡創造了萬物，「渾沌」則是「七日死」。

莊子的寓言裡隱含著人類進化的一種悲涼。彷彿在子宮的門口，胎兒忽然恐懼著外面的光、外面的聲音、外面的冷熱與苦辣。胎兒試圖退回去，退回到沒有「視、聽、食、息」的「渾沌」的狀態。彷彿「渾沌」是一種模糊，又是一種清明，是一種「不存在」，又是「無所不在」。

在凝視上古陶土捏塑的那些渾渾沌沌的人像，那種存活在茫昧之中的五官與身體，似乎對存活沒有太多的意見，如同蟲豕，如同草芥，渺小卑微地存活著，從黃黃的塵土中攀爬蠕動出來，和黃黃的塵土沒有什麼差別。是一種塵土，不怎麼堅持形狀，風吹乾了，變成漫天的灰沙，被雨水滲透，變成濕爛的泥濘。

有機會站在黃河上中游的遺址層旁，看那些黃土的洞穴，數千年存活下來的痕跡，一顆彷彿隨意捏著玩的人偶，玩完了，又隨意丟棄。那是遺址嗎？恍惚間，那在洞穴中攀爬蠕動的人形，不再是數千年前的人偶，而是現代的農民，渾渾沌沌，永遠如此存活著，好像對存活一點意見也沒有，卻又似乎是最頑強的一種存活。

是的，最頑強的存活。

埃及巨大的法老王像碎裂風化了，美索不達米亞的君王、祭司，無論多麼趾高氣昂，也多殘破不全。

卻是那些黃河兩岸邊黃土遺址中的土偶，本來也不堅持任何存在的不朽，卻如同大地上的泥土，成為另一種不可撼動人的存在。

新石器時代「仰韶文化」中的陶塑人形

魯迅的《阿Q正傳》寫出了這種存活的狀態，極可悲可笑，卻又極頑強的存在。

阿Q的形象恐怕不適合用埃及的石雕方式來誇耀。阿Q的形象也很難用希臘神祇式的造形來美化。

阿Q存活在邋遢卑微之中，甚至可笑到令人懷疑：這樣的存活到底值不值得？

那些黃土中露出一點眉眼的人偶，也都只是粗具人形，使人懷疑：這樣也算是「人」嗎？

莊子的〈人間世〉中有這樣的描述：「彼以生為附贅懸疣，以死為決疣潰癰。」

把「生」當作是身體上的累贅，是皮膚上可厭的肉疣贅瘤，而死，倒是解脫了「疣」、「癰」的贅掛折磨。

保留在先秦典籍中對「生命」的態度也許可以和遺址中出土的那些難堪卑微的人偶一起閱讀罷。

「大塊載我以形，勞我以生，佚我以老，息我以死；故善吾生者，乃所以善吾死也。」

莊子哲學中的這一段似乎不只是哲學家的一種觀點，事實上，或許更是中國一般百姓存活的生命態度罷。

埃及人對「死亡」專注的凝視，對中國人而言似乎是難以理解的。「佚我以老，息我以死」是以「休息」、「安眠」來看待「死亡」。

死亡沒有那麼悲壯，生活也沒有那麼熱烈。

生死在中國百姓之中，更像是一種自然，更像植物的枯榮，在春天發芽，在秋冬凋零，並不那麼驚動天地。

「善吾生」成為一種重要的堅持。好像孔子說的「未知生，焉知死」。對「生」的強調，透露著任何一種形式的「存活」都比「死亡」更有意義。變成民間常見的俚語即是「好死不如賴活」。看來低卑可笑的一句流傳久遠的粗話，用來觀看黃土層中出土的土偶，在卑微及沒有堅持的狀態中存活著，忽然會領悟到「賴活」中悲愴的含意罷。

彷彿最屈辱、最卑微、最沒有意義的「活著」，便是「生」的最本質意義了。

寵辱肉身II——中國人像藝術種種II

他們在歷史中沒有名姓，
他們平凡安分，
有對愛情的戀慕，
有失去愛情的憂傷，
有戰爭，有流亡，
但似乎都不曾嚴重到
要寫巨大的史詩來讚頌與哀悼。

春秋前後，中國藝術上的人像造型開始盛行起來，逐漸替代了長久以來占據藝術主要地位的「饕餮」、「獸面」。

「人」，終於有了主體性的地位。

「人」開始觀察自己的形貌，「人」開始思考自己的存在。不同於天上的飛鳥，不同於地上的走獸與水中的游魚，「人」脫離了久遠的渾沌茫昧，有了較清晰的自我。

最早出現在青銅器上的「人」，並不是一個獨立的個人，也不強調個人形貌與表情的特徵，通常是以浮刻的方式在青銅器的表面鑄造出一群一群的人：在戰爭中攻城的兵士、在河流上捕捉魚類的船隻上的人、在農田中耕作的農民，或者在宴樂中演奏音樂和翩翩起舞的女子。

春秋時代，「人」的覺醒，仍然是以社會群體的方式出現的。

同一時間，希臘的人像藝術，多以獨立自主的圓雕來表現個人的特徵。立體、真人大小，置放在神殿或城邦廣場的人像雕刻，使希臘的美術展現了獨立性個人的存在意義。

希臘人相信，「人」的意義，在於「個人」的完成。

希臘的史詩神話裡充滿自我完成的「個人」：伊底帕斯王、伊卡魯斯、普羅米修斯、Echo或米蒂亞……無數的「人」的典型，不是從「社會」、「群體」的角度去思考

「個人」。「個人」甚至不必背負群體的道德意義，「個人」是以他者無法取代的方式完成自我。米蒂亞在愛情的絕望中殘戾地虐殺自己親生的孩子以為報復、伊卡魯斯為了追逐高高飛起的夢想而墜落死亡的青春軀體、普魯米修斯日復一日遭受鷹的利爪撕裂開來的肉體的劇痛、伊底帕斯王的錐刺雙眼的哀嚎……。

希臘的文學中流傳著的「人」的故事，也正是一尊一尊豎

宴樂漁獵攻戰紋壺（拓紋）｜戰國時代

立起來的希臘人像的本質精神。殘戾、報復、夢想、墜落、青春、撕裂、劇痛，希臘的每一個「典型」各自提供給生命不同的面相。

也許在春秋時代的中國，美術上還努力尋找著「人」的共同形象罷。

「人」不是「個人」，「人」只是巨大的社會結構中一個小小的組合元素。他們勞動、戰爭、耕作或宴樂，並沒有「個人」的面目，沒有自己的特徵，只是一個保有「人」的基本元素的單位。

以希臘的《奧德賽》或《伊里亞德》來看中國的《詩經》，也同樣會感到「個人」、「英雄」與「平凡」、「庶民」的差別罷。

《詩經》中很少英雄，也很少使人椎心刺骨的悲劇。《詩經》中多是田陌水邊的男女，他們在歷史中沒有名姓，他們平凡安分，在農業的土地上世世代代生活著，有對愛情的戀慕，有失去愛情的憂傷，有戰爭，有流亡，但似乎都不曾嚴重到要寫巨大的史詩來讚頌與哀悼。

「氓之蚩蚩，抱布貿絲，匪來貿絲，來即我謀。」《詩經》裡多是民間平凡男女小小的調情與戀慕。「氓」只是無名無姓居無定所的男子，「蚩蚩」並不是壞，而是使鄉間女子看了容易心疼動情的傻氣。女子聰慧，知道這男子前來搭訕，並不是為了買絲，而是對她有意思，打她的主意了。

《詩經》中沒有米蒂亞式的殘戾與報復，也沒有Echo退避到洞穴深處成為回聲的憂鬱自苦，「桑之落矣，其黃而隕」，《詩經》的哀傷，像是季節自然轉換，仍然一貫著穩定土地上「人」的優美與節制，不會有極端的悲劇。

沒有呼天搶地式的震怒與劇痛，無法發展為「史詩」的壯大與「悲劇」的跌宕波折；《詩經》的喜悅與憂傷都是非常庶民的情感，有日復一日季節循環中對自然的信賴，有日復一日站立在大地上的篤定與滿足，無論生命如何哀樂，大致不會有像希臘海洋出走式的流浪冒險與搏鬥罷！

《詩經》一貫著「人」的平和安靜，好像在遼闊大地上，因為距離遠，看不清楚是喜是悲。

「日出而作，日入而息，鑿井而飲，耕田而食，帝力於我何有哉！」

農業的穩定，甚至是連「神」與「上帝」都不必依賴的，中國也就發展出了與希臘悲劇或希伯來《舊約聖經》完全不同的「人」的信仰。

「人」自足圓滿於生活之中，「昔我往矣，楊柳依依；今我來思，雨雪霏霏。」「人」的喜悅與人的哀傷都如同自然，如同春天的楊柳，也如同冬日的雨雪，也因此使喜悅與哀傷都不極端。

「青青子衿，悠悠我心，縱我不往，子寧不嗣音？」

「人」的深情只是如此，不會發展成特洛伊式血洗的木馬屠城，不會有令人驚艷的海倫，也不會有一生懷著劇痛的亞格曼儂。

《詩經》中的「人」都無名無姓，沒有表情的特寫，世代生活在大地之中，仰觀天象，俯察蟲魚鳥獸之跡，他因此確定了自己的位置，沒有非分的妄想，也沒有逾越。

希臘城邦式的政治出現優越的文化菁英，是英雄或美人，是人中之「神」，祂們智慧俊美，祂們向命運挑戰，祂們渴望海洋式的冒險；孤獨成為一種自負，流浪也是驕傲的自我放逐。

中國的農業基礎卻建築在廣大而平凡的庶民身上，他們採桑、捕魚、農耕、鑿井；他們的生活裡很少有特別「奇」「險」的起伏，也自然不會有巨大的悲劇與失落；他們不是「英雄」「美人」，卻安分於「人」的定位，篤實可靠地活著。

如果用《詩經》來做美術的稿本，很難像希臘神話、史詩、悲劇那樣發展成故事性極強的西方繪畫，也無法如同希臘以降的雕刻，如此以撼動人心的方式呈現「人體」「肉身」的力量。

《詩經》連故事都不多，也甚少曲折情節。《詩經》更多的是一種獨白式的心事，「蒹葭蒼蒼，白露為霜；所謂伊人，在水一方。」平穩均勻的節奏、對稱和諧的形式押韻，也許都透露著一種四平八穩的生活罷。

農業其實是不需要太多冒險的。農業需要耐心，需要一種對土地的信賴，需要對季節轉換的感受，人的生死愛恨也就如同土地與季節，可以天長地久了。

民間傳說中的妲己、褒姒，都是受詛咒的人物。她們不祥，她們破壞了「人」所依恃的穩定生活。也許，在希臘的文學中，妲己、褒姒有可能被描述成海倫式的美麗罷。

在中國，太特殊的「美」、英雄或美人，都是不祥的。他們也難以在美術史上留下形貌。

中國美術的人像在春秋發展起來，如同《詩經》中的「庶民」，他們附著在青銅器的表面，無法獨立成人體的雕塑；他們一群一群地生活著，也不會突顯「個人」特殊的美。

上古中國美術人像藝術的特例是三星堆。一九八六年在四川廣漢縣南興鎮三星堆遺址出土高度達兩公尺多的青銅人物雕塑，成為令人矚目的焦點。這些青銅人像，端正莊嚴，面戴黃金面具，呈現出神人或巫師祭司的權威性；神祕高貴，使人起敬畏崇拜之感。

三星堆的人像美學至少有三點是同時間（商至西周）中原青銅器中所沒有的：其一，中原青銅器多動物，少人體表達。其二，中原少部分的人像多是尺寸不大的「俑」，代

表陪葬者或地位低卑的奴隸，三星堆則尺寸巨大，而且以塑造高貴的祭司或國王為主。其三，三星堆的黃金面具與黃金權杖與中原對「玉」的崇拜不同。

蜀文化的來源與特徵因為三星堆的發現更被熱烈討論。在上古時期，至少以人像藝術來觀察，蜀文化似乎有相當高的獨立性，與當時黃淮平原的中原漢族文化並不相同。而黃金面具的意象更使人聯想到美索不達米亞、埃及的圖坦卡門，以及希臘邁錫尼的亞格曼儂黃金面具。

四川三星堆的人像（左圖）｜希臘邁錫尼的亞格曼儂黃金面具（右圖）

無論如何，三星堆的巨大銅鑄人像及黃金面具一定闡釋著一個與當時中原文化非常不同的人體美學，「人」的特殊性與獨立性似乎在蜀文化中得到了較多的重視。

除了蜀文化三星堆的人體特例之外，楚文化中的「人」也具備較多的獨立性與自由性。一九七三年湖南長沙出土的一件「御龍男子」帛畫，表現一名男子，寬袍大袖頭戴高冠、腰執配劍，御龍而行，神態瀟灑，依稀使人想見同一時間《楚辭》中屈原對身體的描述。「製芰荷以為衣兮，集芙蓉以為裳。」「高余冠之岌岌兮，長余珮之陸離。」無論從文字的藻飾或語言的華美綿長上來看，《楚辭》都十分不同於《詩經》。南方楚文化的歌聲裡出現較多的「個人」，獨立性的「自我」，出現了不同於「庶民」的「菁英」。一部《離騷》充滿了「人」對身體的愛戀與珍惜。頭上的高冠如山巍峨，身上的玉珮串串搖蕩，採集荷花及芙蓉製成衣裳，「個人」對身體的愛戀憐惜表彰出楚地的唯美浪漫之風。一個溫暖富裕的南方，在宛轉的江流之間，人可以如此顧盼，可以如此耽溺肉身的青春華美，也可以如此感傷肉身的萎絕老去，「冀枝葉之峻茂兮，願俟時乎吾將刈；雖萎絕其亦何傷兮，哀眾芳之蕪穢。」

南方的楚文化掙脫了農業的拘束，有了冒險，有了流浪，有激烈的熱情，也有絕望的哀歌，人像藝術在楚文化中表現出了多變的面容，修長、優雅，在前後的顧盼中有了自我存在的自信。

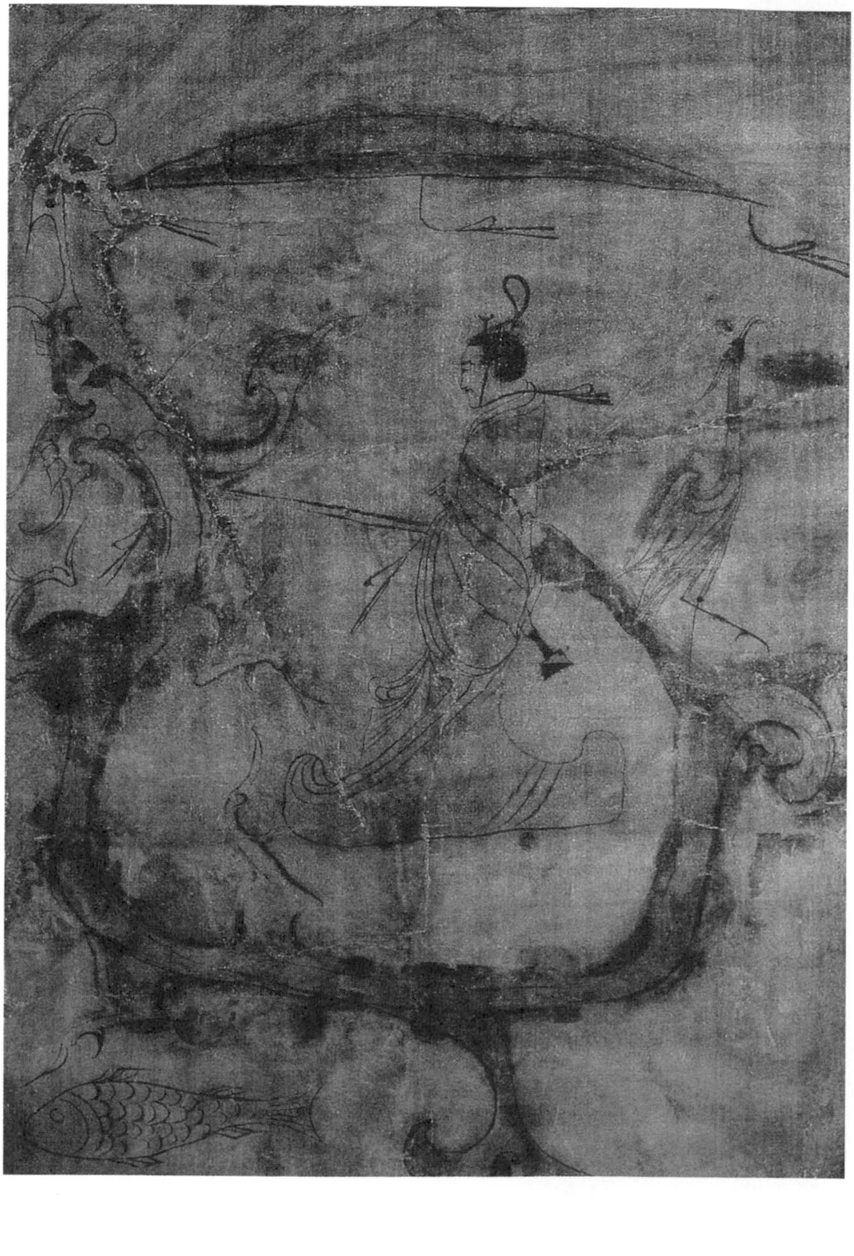

「御龍男子」帛畫

寵辱肉身Ⅲ——秦俑與漢陽陵俑比較

彷彿在渾沌暗暝的世界，
這些肉身，
還努力要活動起來，
要掙扎著活動起來，
要為主人再一次拿起戈矛劍戟，
要再一次在沙場上征戰廝殺……。

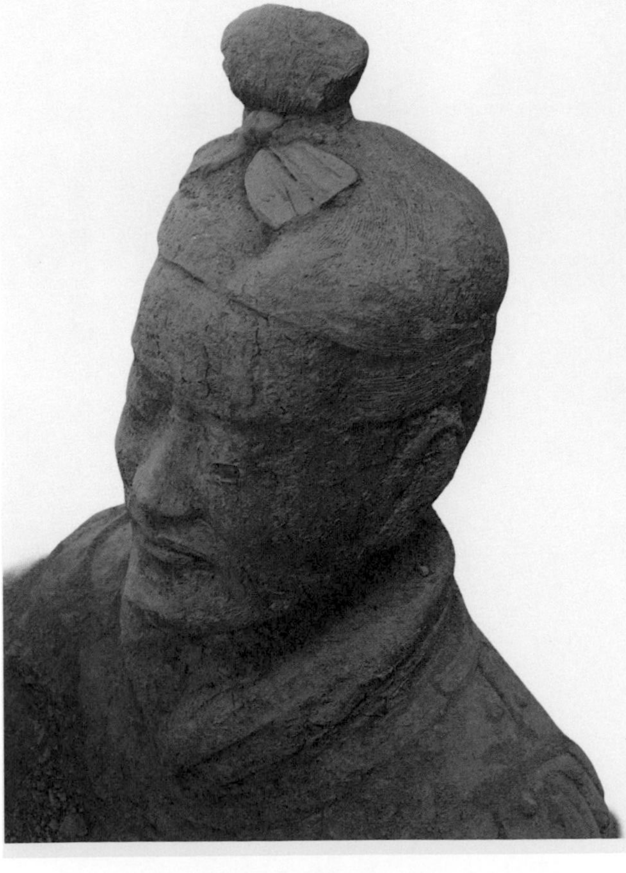

一九七〇年代秦始皇陵的發現為中國人像造形藝術提供了重要的資料。

在秦以前，相對於埃及、印度、希臘，中國以人為主題的藝術作品數量極少。

春秋以後，社會上普遍的「人」的自覺，萌發了活潑的人像藝術。尤其在南方的楚文化區域與四川蜀文化地區，人像造形優美、修長飄逸，常常以簡潔抽象的手法雕塑出人體活潑而又含蓄的動態。

秦始皇陵出土的人像多為軍士，表現出男性陽剛的一面，和楚文化人像藝術的纖細溫柔形成強烈的對比。

秦始皇陵的挖掘工作並未完全結束，但以目前出土的一號坑、二號坑的數千件兵士俑來看，足以為中國的人像藝術提供可貴的思考方向。

「俑」是陪葬品，目的在於提供墓葬主人在死後的另一個世界享有生前同樣的生活。

作為陪葬品，秦俑製作的目的並不在於給活人欣賞，並沒有審美上的動機。

秦俑被挖掘出來是一種意外。以古代帝王的觀念，陵墓極隱密，不容易被發現，也絕無現代「展示」、供人欣賞的意圖。

多年前在日本、美國看到巡迴展出的秦俑，一件或兩件，高度在一百八十公分左右，以寫實的手法塑造兵士的五官眉眼、髮飾服裝、鎧甲袍袖，的確驚訝於中國人像可以達到如此寫實的精準。

秦俑人像表現出精明幹練的身體表情，一種經過高度紀律訓練而歷練成的自信與篤定，使觀賞者可以透過這些人像確定印證某些秦文化的特質。

秦俑以單件來看，可以與同一個時間的希臘雕像做比較。公元前二二一年秦始皇削平六國，結束春秋戰國的長期紛爭，建立了一統的帝國。同一時間，希臘經過亞歷山大大帝的領域擴張，「泛希臘化」的藝術遍布歐洲、北非及亞洲西部。

希臘雕像多立在神廟及廣場，供人崇敬膜拜，是在生活中

供人模倣的典範。

秦俑是墓葬中的陪葬品，只在死亡的國度供墓主驅遣使用，絕無提供一般人審美的功能。

正常的情況下，「俑」是不應該被「活人」看到的。在古代，盜掘陵墓，無論在法律上或道德上都是不被允許的。因此，秦俑製作的精準寫實並非來自於審美及藝術的動機。

秦俑的頭、軀幹與四肢是以模具製作的，只有這樣模造複製的方法，可以大量生產人俑。

數量如此多，但是，秦俑同時又要強調個別的特殊性。因此在模造之後，還要加工，做細部眉眼、鬍鬚、髮飾的修飾。

這種「鉅」「細」靡遺的製作方法，反映了秦文化在法家政治下極度求「真」的表現。

中國主流文化，無論儒家或道家，「善」的位置都比「真」要高。

儒家全力追求倫理上人際關係的和諧秩序，道家則著力於在倫理上解放個人的社會束縛。

儒或道，都努力於道德心靈的思維。

「法律」始終在這個族群文化的主流中被置放在「道德」之下。

「道德」是個人內心的自覺醒悟。

「法律」則是群體從外在制定的客觀規律。

秦是中國的王朝中少數以「法律」精神建國的時代。

法律的嚴格訓練，使秦文化中展現了遵守客觀規則的精神。

秦俑的「寫實」本質上是一種客觀規律的「求真」。

秦俑的身高，體格完全按照真人比例來塑造。

秦俑的五官、眉骨的位置、眼睛的形狀、臉頰骨骼的造型，唇形及髭鬚的剪法，無一不精準，頭髮的編紮，甚至用細的竹篾梳出一絲絲的髮絲細紋。

秦俑的製作可以說是「一絲不苟」。

中國一般的藝術，追求的是「大氣渾成」的寫意性或象徵性；秦俑「一絲不苟」的「寫實」可以說是中國藝術的特例。

秦的法律治國精神，充分顯現在秦俑身上，也因此使秦俑透露著中國藝術少見的陽剛、嚴肅、準確而且凌厲的風格。

秦俑有一種機警、如臨大敵的肅穆，絲毫不敢掉以輕心。

相對於楚文化同一時期的柔軟優雅從容，形成強烈對比。

秦俑身上的線條多是緊張的直線，特別是鬢角的部位，幾乎全是九十度直角的切割，銳利而無轉圜餘地，使秦俑的肅穆中彷彿暗藏著殺機，使人不寒而慄。

秦俑以少數的幾件在世界各地巡迴，離開了出土現場，其實很難體會秦俑真正壓迫人的強大力量。

到秦皇陵現場，看到數以千計的人像，一列一列排開，才知道秦俑群體的力量，不是以單獨的個體存在的。

秦俑在現場數千件一字排開的龐大陣勢，應視為一件完整作品來看，單件並沒有意義。

希臘雕像的美總在突顯個體的特殊性、單一性、獨立性。

運動者在贏得桂冠時的榮耀之美、阿波羅做為光輝之神獨一無二的美、阿芙羅黛特在水中誕生時不可替代的美……。

美是一種少數，是城邦菁英自我成就的完美。

秦俑駭人的氣勢是群體的，是群體生存中共同意志凝結成的一致，個人離不開群體。

秦俑自發掘出土之後就在現址保存。沒有任何博物館足以收藏及展示這樣龐大的作品。

秦俑的現場即是秦文化的現場，每一具俑的個別性都消失了。在現場，只有秦帝國不可一世的耀武揚威的氣勢，並沒有個人。

有一天，會有秦始皇的像被發掘出土嗎？

驅遣著數以萬計的兵士俑，這叱吒一世的帝國的主人，他的肉身，又在何處呢？

秦俑身上的線條多是緊張的直線，特別是鬢角的部位

相信許多人都在期待著。

埃及墓葬中的主人永遠有巨大尊貴的雕像，法老王始終扮演著人像藝術的主角。

而在中國，墓葬中至今出土的多是陪葬俑：兵士、文吏、婢女、僮僕。在浩瀚的奴僕的簇擁中卻始終尋找不到主人的肉身蹤跡。

「始作俑者，其無後乎？」

孔子留下了一句頗令人難解的話語，使幽靈般存在的「俑」的肉身，看起來越發令人不忍、令人悲憫。

彷彿在混沌暗暝的世界，這些肉身，還努力要活動起來，要掙扎著活動起來，要為主人提水、梳髮，要為主人烹調美食，要為主人彈奏起琴弦、翩翩起舞，要為主人再一次拿起戈矛劍戟，要再一次在沙場上征戰廝殺……。

然而，主人在哪裡呢？

站在秦俑的現場，期待主人的出現而不可得，「肉身」終於只是陷入茫茫塵沙的時間之中。

或許，「時間」才是這裡真正的主宰罷，「時間」風化了一切「肉身」！

原來彩色斑斕的兵士俑多已褪色斑剝，露出黃土的泥胎。

他們缺手斷腳，或者失去了頭顱，依然兀自站立。

在尚未完全清理好的坑洞裡，他們從泥土中剛剛露出頭來，彷彿大睡初醒，茫然地等待主人召喚。或者三三兩兩倚靠著，好像曾經橫死在戰場上的同袍，夢想著帝國的榮耀，死而無憾。

秦俑為中國的人像歷史提供了思考的方向，個人與群體，奴僕與主人，國家的榮耀與個人的自由……。

美，在時間的風沙中變成空洞的回聲。當一個巨大的帝國在一夕間覆亡，一個陵墓的奢華被掩埋了，等待數千年後一次悠悠的醒轉。

醒轉時，所有活過的肉身彷彿有許多話語要說，然而似乎又都忘了發聲的方法，他們仍然啞然沉默著，任人指指點點。

秦的法律，客觀、寫實，在中國人像上恍如曇花一現。

等到漢帝國建立，以南方楚文化為基礎，刻意平衡秦的嚴酷，去除掉尖銳的稜角，把僵直的直線變成柔軟溫婉的曲線，產生了漢王朝包容寬厚的精神。

八〇年代末才出土的漢景帝的陽陵俑，大致可以看到與秦的兵馬俑相隔大約半世紀左右中國人像的蛻變。

陽陵俑的鬢角轉成了圓形。陽陵俑臉部的肌肉不再如秦俑那樣緊繃。在圓潤緩和的面容裡出現了極華美喜悅而又內斂的微笑。

漢景帝陽陵俑的「微笑」徵兆著一種釋放，「蕭規曹隨」、「黃老治術」、「與民休息」……漢代文帝景帝之間「四十年不用刑措」的歷史，似乎反映在一張一張微笑的臉上。

從秦入漢，這些陪葬的俑，仿彿有了機會做自己肉身的主人。

或者，我們還是太樂觀了，在中國的人像藝術中，俑，畢竟只是陪葬的奴隸，獨立自主的「肉身」有真正的覺醒機會嗎？

寵辱肉身Ⅳ——〈世說新語．容止篇〉的肉身驚寤

肉身的美，
最終是要領悟死亡的宿命的。
肉身還要有肉身的歸宿。
肉身之美，使人一時驚寤，
驚寤愛恨，也驚寤生死。

長期在儒家文化的倫理架構下，人的身體，經常性地習慣於把精神與肉體的層面分開來對待。

肉體的層面，充滿動物性的官能活動，肉體是慾望，是口腹之慾，必須經由「克己」的過程，努力達到精神性的昇華。

儒家最初對慾望與官能的節制，無非是企圖個體的自我，能融匯於倫理的秩序之中，也企圖因此提升個體自我約制的道德性。

道德的被強調，自然一步一步箝制著個體、自我、慾望、本能或感官的發展。

「克己」與「復禮」成為兩個相互依附的命題。

在「克己復禮」的命題下，「善」成為重要的生命追求的最高目的。

肉身的存在意義在——「止於至善」。

「善」的重要性，比「真」，比「美」，都更被孤立地強調。

「善」如果違離了「真」，將是什麼後果？「善」因此將徒具外在的形式，而缺乏內在實質的道德自省的力量嗎？

「善」如果強大到壓抑了「美」，個體生命的自在圓滿是否也因此被群體的道德意識所淹沒？

肉身的美，將如何尋找它在群體中的立足之處？

肉身的美，如何無所羞愧地站立在精神與道德的典範之中？

西方從希臘的神話傳說中可以找到單純以「美」建立存在價值的典範。

「美」有機會獨立於「道德」之外。

「美」使歷史驚動。

特洛伊，一場十年浩劫的戰爭，可能因為海倫的美，因為不可抑止的「美」的眷戀。

但是，在儒家的體系中，「美」常常是一種罪惡和災禍。

「美」和「善」原來試圖至少有階段性的差異，「美」應該可以是通向「善」的途徑，結果，卻往往落入「美」與「善」的對立狀態。

「善」不能包容「美」，「善」變成一種對「美」的嫉恨。

在通俗文化中，所有流傳的美麗女子的故事，妲己、褒姒，都沾帶著禍國殃民的邪惡性。

妲己與褒姒的處境，或許與希臘的海倫並無太大差別，但被議論的方式卻大大不同。

海倫長久以來成為西方美術的重要課題，她的美似乎成為歷史的重心。美，使歷史驚動，美，也使人低徊惋歎。

為了褒姒的一笑，摔碎了所有的瓷器；為了褒姒的一笑，撕裂了所有的絲綢；為了褒姒的一笑，燃燒起漫天的烽火。在幽王的故事裡，彷彿隱慝著一個背叛理性的美的眷戀，把美推到道德毀滅的臨界的挑戰。

但是，褒姒和幽王，在中國，始終是歷史的罪者。他們挑戰了「善」，他們也不可能是「美」的典範。他們對「美」的決絕的堅持，被歷史侮辱嘲笑，成為邪惡敗德的象徵與典型。

這些古老的故事，也許等待著文化後來者重新的解讀罷。

一個漫長的文化，嘲笑美、侮辱美、批判美。即使在離我們很近的當代，在一個大革命中，以醜穢戲弄「美」為榮耀，使「肉身」難堪卑微，「美」迷失淹沒在群體的蠅營狗苟中，「美」，使肉身獨立自信的個性完全喪失殆盡。

「美」對一個民族如此奢侈艱難嗎？

肉身的美，竟宿命要成為歷史的禁忌嗎？

在漢代結束之後，一個分裂的三國，似乎給予肉身的美一種意外竄起的機會。

魏晉文人名士對形貌肉身的描繪，在儒家道統崩潰瓦解之時，似乎有了蠢蠢欲動的機會。

〈世說新語．容止篇〉是值得細細品味的。

「何平叔美姿儀。面至白。魏明帝疑其傅粉。正夏月，與熱湯餅。既噉，大汗出。以朱衣自拭，色轉皎然。」

何晏，一個男子的美，在《魏略》一書中也有記載。《魏略》說：「晏性自喜，動靜粉帛不去手，行步顧影。」

《魏略》的說法，顯然與《世說新語》不同。在《魏略》中，何晏對肉身極度眷戀愛美，經常粉帛等化妝品不離手，走路時，也不斷顧盼自己的影子。

《世說》的論述剛好相反。何晏的美，何晏面色的潔白，使晉明帝懷疑他敷了粉，因此，在夏天最熱的時候，皇帝賜他一碗熱湯麵吃。何晏吃得一頭大汗，用紅色衣袖擦汗，擦完之後，面色依然潔淨皎白。

兩種不同的說法，也許並不是此處爭論的重點。有趣的是，在儒家文化不成為主流的時刻，形貌容止的美忽然有了獨立存在被討論的可能。

何晏的美，無論敷粉與否，在《魏略》和《世說》中都似乎當成是一件大事來討論。

「朱衣自拭，色轉皎然。」

那個眷戀過肉身的時代，或許曾經有過一剎那間在朱紅的衣袖下凝視「色轉皎然」的驚訝與喜悅罷。

東晉磚畫｜竹林七賢與榮啟期（局部）｜充分展現魏晉文人瀟灑自在的姿態

佛教傳入不久，肉身的生老病死有了更多幻滅的領悟，老莊的解脫，也使肉身可以土木形骸。然而，恰恰是那個時刻，男子的美、男子的「肉身」，有了難以解讀的自負、耽溺、眷戀或惋歎。

何晏的美，並不是孤立的現象。

《世說新語》另有一段對潘岳的描寫。

「潘岳妙有姿容，好神情。少時，挾彈出洛陽道，婦人遇者，莫不連手共縈之。」

這是一般人熟悉的一段。潘岳很美，一旦在洛陽街上出現，婦人就連手圍著他，不讓他走。這一段紀錄，似乎反映著那一時代，婦人對男子的美，曾經是如此直接表達的。

而下面接著說的一段也頗令人發噱。

「左太沖絕醜，亦復效岳遨遊。於是群嫗齊共亂唾之，委頓而返。」

左太沖太醜，他的仿效潘岳，使群嫗（老太婆）都吐唾他。這裡對於肉身「美」「醜」的描寫是如此直截了當，沒有一點隱晦忌諱。

何晏、潘岳的美，左太沖的醜，至少在文字的閱讀上，感覺不到一點與道德相關的部分。

美，就是「容貌」肉身上的美。美，屬於肉身存在的一種狀態，與道德無關。

這樣獨立地描述肉身之美，隱藏著顛覆儒家倫理架構的潛藏因子圖。

肉身的美，隱藏著慾望、眷戀、貪嗔與痴愛。

肉身的美，美到極致，使人惋歎哀傷。

畢竟肉身空幻，肉身的美，如鏡花水月，只顯現剎那的榮華。

「王右軍見杜弘治，歎曰：『面如凝脂，眼如點漆，此神仙中人。』」

肉身的美，的確曾經如此驚動了歷史。

何晏、潘岳，他們一時來到人間，只是以肉身之美相認。

王羲之看見了杜弘治的美，大為驚歎，而當時的人，也看見了王羲之的美，「時人目王右軍：『飄如遊雲，矯若驚龍。』」

肉身修行，肉身證道，肉身並不附屬於道德，如同肉身之美，可以從儒家善的框囿中解放了自己，可以放恣縱肆，彷彿一時從修行逸入凡塵的肉身，要去人間經歷愛恨生死了。

肉身的美，最終是要領悟死亡的宿命的。

〈世說新語・容止篇〉有令人動容的一段：「衛玠從豫章至下都。人久聞其名。觀者如堵牆。玠先有羸疾，體不堪勞，遂成病而死。時人謂『看殺衛玠』。」

衛玠肉身太美，到了下都，人們圍觀，結果看死了衛玠。

《世說》的寥寥數語，彷彿談玄，彷彿禪宗的機鋒，好端端一個美麗的肉身，被眾人圍觀，就被看死了。

肉身還要有肉身的歸宿。肉身之美，使人一時驚寤，驚寤愛恨，也驚寤生死，衛玠匆匆離去了自己的肉身，只留下一段歷史中可有可無的小小閒話而已。

【輯二】

肉身絲路

肉身絲路

過去與現在，
無數劫來的肉身，
在漫漫黃沙塵土飛揚的長途，
時而並肩前行，
時而擦身而過，
時而一人踟躕獨行，
前無古人，
後無來者。

肉身絲路

一九九六年的八月，椎間盤突出引起的坐骨神經疼痛還沒好，當時受鼻咽癌折磨，飽受肉身痛苦，卻仍然開心樂觀的楚戈，邀我一同去走一趟絲路。漫長的路途，無論火車或巴士，一走往往就是十幾、二十小時以上。大山連綿不斷，夜行的火車轟隆轟隆，好像行駛在漫無止境的時間之河上。睡不穩妥，常常被窗外亮晃晃的月光驚醒。拉開窗簾望去，一片無邊無際白荒荒的莽原。盛夏暑熱，高處卻仍然白雪皚皚，覆蓋著千山萬峰。夜晚時，中天滿月，宇宙浩瀚，流動著無所不在的月亮的光華。沒有渣滓，沒有纖塵，如同忽然間面對面碰到了時間與空間的本質，如此單純、乾淨，冷肅、莊嚴，是唐詩裡的壯大風景了。「皓月冷千山」，詩句文字也可以被風景逼出一種內斂凝重的準確。

那些無眠的夜晚，總覺得路途上有人陪伴，有許許多多肉

身陪伴。過去與現在，無數劫來的肉身，在漫漫黃沙塵土飛揚的長途，時而並肩前行，時而擦肩而過，時而在顛仆流離時相互依靠扶持，時而一人踟躕獨行，前無古人，後無來者。因為神經的壓迫，腰椎坐骨常有撕裂的痛。也彷彿恰恰是因為肉身上如此清晰的痛，如此具體的痛，使頭腦一無旁騖，可以專注於前途，感知到一路前行時有如此多的肉身作伴。

〈晉書．法顯傳〉裡描述了古來西行求法者看到的景象——「沙河中多有惡鬼，熱風，遇難皆死，無一全者。上無飛鳥，下無走獸。遍望極目，欲求度處，則莫知所擬，

許培鴻攝影

唯以死人枯骨為標幟耳。」

我們在漫漫長路的行旅途中，竟是以曾經是肉身的「死人枯骨」為前行的標幟嗎？眾生行走，都如魂魄了。

前途只是微微車燈一點亮光，照著前方的路，蜿蜒的路，崎嶇的路，顛簸的路，坎坷的路，在大片闃寂闇黑裡，那是唯一可以看見的路。在絕壁懸崖間，在漫漫沙塵間，在酷熱乾旱的渴死與嚴寒僵凍的斃命間，生命要走出一條可

許培鴻攝影｜敦煌鳴沙山

以安心可以信仰的道路。

盤桓於崎嶇山路，顛簸難行，脊椎與內臟都像要錯位翻騰，我跟楚戈大半時間匍匐在前座椅背上，常常十數小時不敢坐在椅墊，很真實地知道什麼是「肉身艱難」。

路過交城，正是落日晚照，夕陽霞彩絢麗，城市卻已是一片黃沙廢墟，仍然看得出昔日城垛高大威嚴，街道寬宏齊整，曾經是繁榮的沙漠綠洲，客商行旅絡繹不絕於途，將帥匪寇廝殺爭霸，嫵媚女子明眸皓齒，歌舞爭寵。曾幾何時，沙塵飛撲，金碧輝煌的宮殿台閣，璀璨錦繡霎時間灰飛煙滅。肉身曾經來過，筋骨毛髮齒爪膚肉，卻已一無蹤跡，徒留下供人憑弔唏噓的城市廢墟。沙塵間，我看到的也只是新來過的遊客的步履足痕，蹣跚徘徊，彷彿重來一次，在無有人煙的巷弄間還是又迷失了路途，肉身仍然不知何去何從。

石窟修行

這一趟絲路之行，主要是看洞窟，從庫車西南塔里木河北岸的克孜爾石窟看起，一路東行，下到敦煌千佛洞，再沿祁連山脈往東南行經張掖、武威，到蘭州。蘭州西南渡大夏河，有炳靈寺石窟，再從蘭州往東南過武山到天水，看麥積山石窟。麥積山石窟在渭河南岸，已經近絲路起點西安了。

許培鴻攝影｜敦煌石窟一景

許培鴻攝影｜敦煌石窟內壁畫

東亞美術史最重要的一段，從漢至五代，綿延近一千年，其核心是佛教藝術，所有的精采作品都保存在一座一座的石窟中，也恰好是兩岸以故宮、博物館為主的美術史最缺乏的收藏。

石窟的形式來自印度，原來是僧侶信眾修行之所。在僻靜的山壁上鑿石開窟，遠離塵寰，面壁禪定，肉身修行，原不是以美為目的，也無關乎藝術。一座一座石窟，開鑿在僻靜山壁上，只是修行者的靜坐思維之處，只是肉身受苦者許願行道之處，只是弘法者傳道說法開示眾生之處。

修習生命的道場，與藝術無關，用一生心力彩塑佛像，圖繪壁畫，也只是用更容易的方法親近方便大眾，使文盲者、不識字的販夫走卒、兵丁、老嫗、伶優娼妓，都能來到幽暗洞窟，看見彩色斑斕寶相莊嚴的佛、菩薩，天龍八部，諸天伎樂，七寶樓台，金沙鋪地，使洞窟幽暗中現大光明，使善男子善女人，來到佛前，都能暫時遺忘現世肉身之苦，嚮往生命還有更妙好的前途。

有些洞窟低矮，彎身低頭，像匍匐於車中座椅上的姿態，肉身艱難，使我彷彿更懂了壁畫中捨身的許多故事。

我一直特別喜歡親近早期石窟的造像，北涼、北魏，尚未到大唐的繁華燦爛，造型特別素樸，線條粗獷有力，所闡述的故事多來自《本生經》，以佛陀前世捨身經變為主，情節悽愴悲壯，圍繞著肉身艱難的主題，千迴百轉，不斷領悟此身此生的存在與幻滅。

編號二七五的北涼石窟，北壁上一連四個捨身經變，就是其中最令我震撼的一個洞窟。

唐代重修莫高窟的碑記上提到，最早到敦煌開窟的是樂僔（三六六年），但是他開的石窟已經無存。二七五窟是北涼的洞窟，北涼由沮渠蒙遜建國，時代不長，從三九七年到四三九年，距離樂僔的創建敦煌石窟時代不遠，因此也常常被拿來做早期石窟的形式典範。

二七五窟是一長方形的洞窟，屋頂是人字型向兩邊斜披。室內西端是一彩塑主尊，高三．三四公尺。主尊是交腳彌勒菩薩，頭戴佛冠，高鼻寬頤，面容圓滿。彌勒菩薩左右各一護法獅，造型稚拙可愛，完全是民間工匠的質樸風格。

初進石窟，最先注意到的是立體彩塑，二七五窟除了西端的彩塑主尊和護法獅之外，南壁、北壁也有高一公尺左右的神龕，神龕內供養思維菩薩或交腳菩薩。神龕製作成立體的屋簷梁柱，上鋪筒瓦，屋脊上有鴟尾，都是立體造型，卻用平面畫出屋簷下的斗拱。

這種混合立體彩塑與平面繪畫的技巧形式是洞窟藝術的特色，立體彩塑常常用來表現修行成正果的佛菩薩，平面繪畫則是肉身修行中的故事。如同今日繪本插圖，文字部分是「變文」，繪畫部分則是「變相圖」。「變」就是經變，

二七五窟西壁的交腳彌勒菩薩與南壁佛龕

解說佛傳或本生故事，情節複雜多變，如同後世的演義小說話本。當時宣講經變故事，是為了弘揚佛法，卻也在一定程度上滿足了大眾看畫聽故事的樂趣。壁畫經變加上宣講梵唱，使民間百姓不知不覺間從娛樂中領悟肉身的存在幻滅。如同一直到今天仍然盛行於民間的《目蓮救母》戲曲傳唱，就來自源遠流長的〈目蓮變〉。

二七五窟最引人注意的經變故事壁畫在交腳彌勒菩薩的左手邊牆壁上，菩薩左手向外平伸，是常見的「施與印」，也叫「與願印」，意思很簡單，只是不斷問自己——有什麼東西可以施與出去？

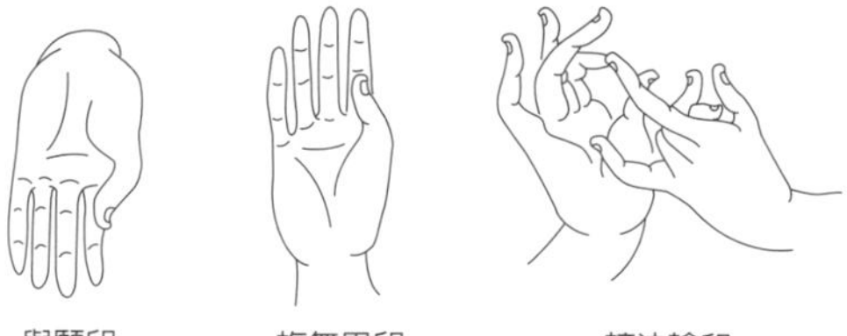

與願印　施無畏印　轉法輪印

「施與」、「布施」、「施捨」，一般人的理解常常是財物的給予。然而原始佛教經變故事的「施」與「捨」，卻常常不是物質，而是自己肉身的布施。

順著彌勒菩薩左手「施與印」看去，石窟北邊牆壁上有一排約三公尺長的經變壁畫，自左至右，第一幅是〈毗楞竭梨王本生〉。《本生經》都是佛陀前世修行故事，毗楞竭梨王渴求佛法，一名婆羅門說：「你願意在肉身上釘上千釘，我就為你說法。」壁畫上婆羅門持錘，正在毗楞竭梨王身上釘上千釘。

二七五窟｜毗楞竭梨王本生｜佛陀有一世身上被釘千釘

壁畫最東端是〈月光王本生〉經變故事。月光王是樂善好施的國王，有人祈願，他就施捨。另一小國國王毗摩斯那

月光王看著自己累世施捨出去的頭

忌妒月光王的名聲，就買通一勞度叉，前去要月光王施捨自己的頭。月光王答應了，在樹下讓勞度叉持刀砍頭，卻被樹神阻擋，月光王只好乞求樹神，他說：在此樹下，我已捨頭九百九十九次，再施此一次，就滿千數了。

壁畫上一人持刀砍頭，一人跪在地上，手中捧著盤子，盤子上盛著三個人頭，月光王靜坐一旁，看著自己累世施捨出去的頭。

北涼工匠在幽暗洞窟圖繪經變故事，這些故事由傳法者千里迢迢從天竺傳入，在暗赭色的牆壁上，用粗拙毫不修飾的線條勾勒出經變人物的肉身，毗楞竭梨王上身裸露，下身圍布裙，雙腳盤膝趺坐，身披石綠色巾帶，持錘的婆羅門左手以釘刺入毗楞竭梨王胸前，右手高舉持錘，正要一錘一錘將一千鋼釘釘入肉身。

我凝視著毗楞竭梨王的面容，他沒有呼痛，沒有驚叫，沒有蹙眉哀傷，沒有怨懟憎恨，他靜靜微笑著，彷彿要認真體會承當一支一支釘子釘入肉身的願望，痛的願望，受苦的願望，肉身累世累劫修行的願望，肉身終歸夢幻泡影，要還諸天地的願望。

我站在壁畫前，知道自己肉身的痛只是小痛，捨一千次頭的痛、鋼釘一千次釘入肉身的痛，原始佛教東來，要肉身領悟如此捨去。肉身的痛，畫成洞窟裡一尊一尊的菩薩。痛，是肉身修行的開始嗎？二七五窟壁畫最大的痛是——尸毗王「割肉餵鷹」。

許培鴻攝影｜陽關全景

尸毗王割肉餵鷹

幾劫幾世，
都是為這個肉身牽累。
在六道中循環流轉，
遍嘗種種痛苦，沒有福報。
有利於其他的生命，
此時，正是良機，
可以捨此肉身，絕不能懈怠。

二七五窟北壁捨身經變壁畫

捨身

印度《本生經》論述佛陀前世修行，每一世都從「捨身」領悟。累世的「捨身」——捨頭，捨肉，在身上釘千釘，燃燒千燈——通過一次一次肉身之痛，最終領悟肉身「夢幻泡影」的本質，那累世的捨棄肉身的故事就記錄成一部《本生經》故事，也成為最初石窟壁畫「變相圖」所依據的文字原典。

敦煌二七五窟北壁的壁畫有四個來自《本生經》的捨身故事。

第一個是「毗楞竭梨王」為求佛法，允諾在自己肉身上釘一千個釘子。第二個故事是「月光王」為確實完成肉身布施，在累世劫中捨去一千次的頭。

第三個故事是用肉身的油脂「燃千燈」以求佛法，可惜這一段的壁畫已破損無存，只看見一個斑剝漫漶的輪廓。

第四個故事也就是一般人最熟悉的尸毗王「割肉餵鷹」的《本生經》變相圖。

二七五窟北壁壁畫一排四個捨身經變，居中占據最完整畫面的也就是〈尸毗王割肉餵鷹〉變相圖。

尸毗王又作尸毗迦王，梵文音譯不一。尸毗王「割肉餵鷹」的故事見於很多原始佛教經典。《金剛經贊》有「割肉濟鷹飢」的故事。《大莊嚴論經》卷十二、《眾經撰雜譬喻》卷上、《六度集經》卷一、《大智度論》卷四、《菩薩本生鬘論》卷一等，均有詳細的描述，而以《六度集經．菩薩本生》、《菩薩本生鬘論》的情節描述特別富於文學性，刻畫人物內心狀態極為生動，也就常常成為畫家在洞窟圖繪壁畫的所本。

可以在看壁畫同時閱讀一下經文原典：

> 佛告諸比丘：我念往昔無量阿僧祇劫，閻浮提中有大國王，名曰「尸毗」，所都之城號「提婆底」，地唯沃壤，人多豐樂，統領八萬四千小國，后妃采女其數二萬，太子五百，臣佐一萬。王蘊慈行仁恕和平，愛念庶民猶如赤子。

這是當年佛陀給眾比丘說的一段故事，談到了統領八萬四千小國的尸毗王，談到他個性的「仁恕和平」，愛念關心老百姓就像照顧牽掛小孩嬰兒一樣。

佛陀接著又講起當時三十三天的帝釋天，也就是原始印度教中的天空之王因陀羅（Indra），出現五衰的退墮相貌，知道自己將不久於世間，擔心世間佛法已滅，因此面有憂愁之色。

帝釋天的近臣毗首天就建議找尸毗王，他說：

> 今閻浮提有尸毗王，志固精進，樂求佛道，當往歸投，必脫是難。

尸毗王的「樂求佛道」使他被推薦為帝釋天可以「歸投」的繼承者。

但是帝釋天還有疑慮，就安排了一次「割肉餵鷹」的試探。

> 若是菩薩，今當試之。

於是帝釋天化身為鷹，毗首天化身鴿子。猛鷹叨逐鴿子，鴿子飛奔逃命，驚慌恐懼，就四處躲藏，最後避入尸毗王腋下掌中。

鴿甚惶怖，飛王腋下，求藏避處。

猛鷹於是立在尸毗王面前，對著鴿子，虎視眈眈，忽然對尸毗王發言：「這隻鴿子是我的食物，我餓急了，願你還我。」

尸毗王右手托鴿

尸毗王說：「我立誓發願，要救度一切眾生。鴿子投靠我，我不能還給你。」

猛鷹卻說：「大王今者，愛念一切。若我斷食，命亦不濟。」

這是猛鷹給尸毗王的大難題，為了救鴿子，卻斷了猛鷹賴以維生的食物，猛鷹也無法活命，仍然是一種「殺生」吧！

印度原始佛教對生命的思維其實很曲折委婉，慈悲是在許多肉身存活的矛盾艱難裡無止盡的對話。

如果尸毗王要做到「愛念一切」，自然不能斷絕猛鷹的食物——鴿子。

思考之後，尸毗王問猛鷹：「可以吃別的肉嗎？」他當下只想到救面前的鴿子，想找替代品。

猛鷹回答：「我只吃新鮮帶血的肉。」

尸毗王開始了深沉的思考，救鴿子，卻使猛鷹餓死，好像也不是道理。如果找其他肉類代替，一樣違反「愛念一切」的誓願。

尸毗王思考完，做了決定，「唯以我身，可能代彼。其餘有命，皆自保存。」——只有我自己的肉身可以替換鴿子，其餘的，都自己保存生命吧！

許培鴻攝影｜位於甘肅境內的另一石窟藝術要地：炳靈寺的石窟大佛

印度的思維裡有一種謙遜婉轉，對於自己的能力也不那樣絕決自信到霸氣，「其餘有命，皆自保存」像是祝願，也是在天意前的謙卑。

肉身等重

做好了決定，下面就是尸毗王從身上割下肉來救鴿子的畫面。

即取利刀，自割股肉，持肉與鷹，貿此鴿命。

畫家在幽暗洞窟裡細細描繪這段令人驚悚不忍的畫面，侍從手中持刀，在尸毗王的腿上割肉。

從身上割下多大一塊肉，才能夠替換鴿子的生命？

猛鷹說話了：

王為施主，今以身肉，代於鴿者，可秤令足。

猛鷹害怕吃虧，要求尸毗王拿出天秤來，替代鴿子，要尸毗王割下身上與鴿子等重的肉。

尸毗王同意了，要侍者拿出天秤，兩邊有秤盤，一邊放鴿子，一邊放上自己身上等重的肉，「使其均等」，兩邊要能夠平均。

王敕取秤，兩頭施盤，掛鉤中央，使其均等。鴿之與肉，各置一處。

天秤拿來了，兩頭有盤子，一邊放上鴿子，盤子承重，低沉下來，侍者從尸毗王腿股上割下的肉，放上天秤另一端的盤子。

壁畫描繪了蹲跪在地上的侍者，正在尸毗王腿上割肉。可是，盤子沒有動，鴿子一端的盤子始終低垂，尸毗王割下

侍從在尸毗王腿上割肉

的肉一塊一塊加上去，天秤依然不動。

「股肉割盡，鴿身尚低。以至臂肋，身肉都無。比其鴿形，輕猶未等。」這是敦煌壁畫的畫面難以表達的一段，卻是原始經典裡最動人的文字敘述。

尸毗王腿股上的肉都割完了，天秤兩端仍沒有等重。於是尸毗王開始割手臂上的肉，割肋骨上的肉，割到「身肉都

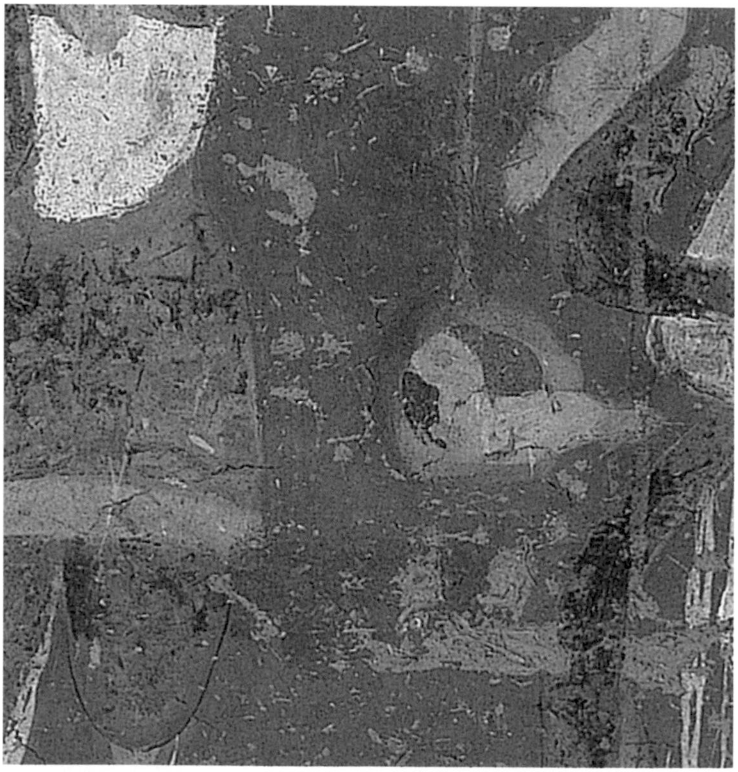

司秤提秤，右側為鴿

輕。

無」，沒有肉可割了，結果天秤上尸毗王的肉還是比鴿子

原始佛教的誓願是要深重到以全部肉身性命相還報的嗎？

尸毗王似乎終於領悟，他的全部肉身其實與鴿子等重，天秤上的兩端，不是肉的重量，而是生命的重量。

王自舉身，欲上秤盤，力不相接，失足墮地，悶絕無覺。

司秤提秤，左側為尸毗王

尸毗王於是爬起來，要全身攀上天秤承盤。但是血肉盡失，沒有氣力，從盤上墜落地下，昏厥休克，失去了知覺。

生命要在面對肉身絕境時才有了知覺上的轉機吧！尸毗王甦醒後，「以勇猛力，自責其心」，剎那間猛然領悟，原來肉身還有這麼多貪婪計較。

下面的句子是尸毗王的自責，也是經典裡使我不斷反覆誦念的句子：

曠大劫來，我為身累。循環六趣，備縈萬苦。未念為福，利及有情。今正是時，何懈怠耶！

幾劫幾世，都是為這個肉身牽累。在六道中循環流轉，遍嘗種種痛苦，沒有福報。有利於其他的生命，此時，正是良機，可以捨此肉身，絕不能懈怠了。

爾時，大王作是念已，自強起立，置身盤上，心生喜足，得未曾有。

尸毗王心生一念，終於站了起來，端坐天秤盤上。心裡從來沒有如此喜悅滿足。

是時，大地六種震動，諸天宮殿，皆悉傾搖。色界諸天，住空稱讚。見此菩薩，難行苦行，各各悲感，淚下如雨。復雨天華，而伸供養。

生命的誓願完成是要使大地起六種震動的，天上有朵朵的花墜落，供養人天。

二七五窟的壁畫〈尸毗王割肉餵鷹〉有兩個畫面，左側是尸毗王端坐，讓侍者在腿上割肉，右側是侍者手持天秤，尸毗王和鴿子各在一端盤上。畫面上方有一排身形樸拙的V字型飛天，飛在空中，正在揚手，撒下一朵一朵的鮮花。

經文最後猛鷹現出帝釋天原形，詢問尸毗王：「王今此身，痛徹骨髓，寧有悔不？」——肉身痛入骨髓，會後悔嗎？

尸毗王回答：「弗也！」

「弗」、「佛」一音之轉，「佛」便是人的肉身捨去吧。

看敦煌早期石窟壁畫，常常驚訝，原始佛教傳入東土，最早在民間流傳的故事，竟然是如此慘烈怖厲的傳奇。圍繞著人的肉身說法，修行竟然是一次一次布施自己的頭，自己的油脂，自己肉身的痛，一片一片從身體上割下肉來，放上天秤，以求救下一隻微小輕盈的鴿子，以求餵飽一隻要吃帶血的肉的老鷹。

天秤上，尸毗王身上一片一片割下的肉，不斷添加上去，卻無法壓過鴿子的重量，無法等重，逼到無肉可割的尸毗王全身飛撲上天秤。

初讀這些故事，我無法理解，卻無緣由地熱淚盈眶。修行如此艱難嗎？修行一定要以肉身的劇痛作領悟的代價嗎？

一個一個疑問浮現在我腦海，而這些疑問會不會也是一千五百年前深受儒家生命哲學影響的百姓心中也曾經難以釋懷的問題？

儒家是避諱談死亡的，「未知生，焉知死」，把思維的重心完全放在「生」的價值的民族，缺少了「死亡」議題的探討，也常常缺少了面對「死亡」的經驗記憶。

「孔曰成仁，孟曰取義」，儒家的「成仁」、「取義」也是死亡意義的論辯，但是是特殊情境下（例如亡國）的死亡議題，無法給常民大眾更多自身「死亡」的思考。

「死亡」其實是非常個人的事，存在主義哲人沙特即認為每一個人都必然孤獨面對死亡，死亡的時刻連最親近的人都無法分擔。

在敦煌石窟壁畫中，不止有北涼第二七五窟，以尸毗王的故事為內容。北魏二五四窟也畫得極為精采，並且增加了尸毗王割肉時，抱住他膝蓋痛哭驚慌的后妃，增強了戲劇性的張力。隋代第三〇二窟，五代第一〇八、七二窟也一直有「割肉餵鷹」的變相圖壁畫，第二七五窟、二五四北涼、北魏的藝術性特別強烈，隋唐以後，原始印度捨身

經變故事逐漸被傾向理性的思維取代，激情與悲願的壁畫內容也逐漸沾染人世氣息，以歌頌美好生活為主，肉身死亡的悲願與激情主題也漸漸退淡消失了。

二五四窟｜尸毗王本生全圖｜后妃緊抱膝蓋，痛哭驚慌

薩埵那太子捨身飼虎

肉身升降浮沉，
紫藍赤赭鬱暗的天地山川，
彷彿在渾沌未開的
時間與空間裡，
肉身對自己的存在
還如此茫然。

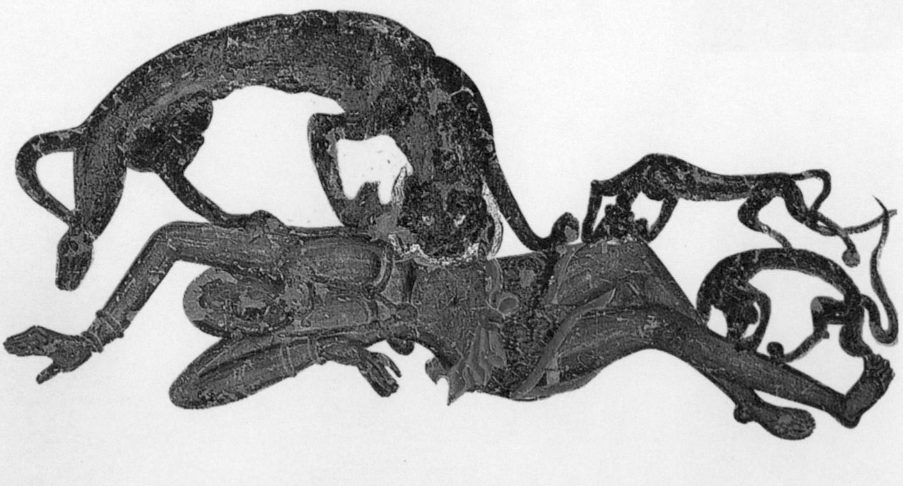

麻線鞋

在敦煌的市集看到一種用麻線編的鞋，很像古畫裡西行求法的僧侶腳上穿的。下面是好幾層舊布料和紙片，用漿糊黏成厚鞋底，手工縫衲的粗麻線線腳，結結實實，看起來有可以行萬里路的牢靠。鞋幫和鞋頭也是用幾層的厚布裁製，鞋面兩側卻是用軟麻線牽成，像今日的透空涼鞋，都是縫隙。我拿在手中，看了很久，這鞋的樣式太熟悉了，敦煌洞窟壁畫供養人像裡僧侶腳上都有一雙這種樣式的鞋，畫中玄奘大師身背行囊，腳上也有一雙。看起來只是舊布料舊紙片縫製，拿在手中也很輕，卻難以想像或許是西行求法者穿著這樣的鞋，踏過漫漫長途，千里迢迢，走去了天竺。護持著求法者誓願深重的一雙腳，這鞋，握在手中，彷彿有了不同的分量。廉價、結實，不是糊弄觀光客的粗糙工藝，當地庶民百姓日常生活的必需品，每天要穿著行走，壞了就要換，才會如此平價而扎實吧。我買了

唐玄奘西天取經圖

幾雙，第二天清晨就穿上這鞋上鳴沙山。

鞋子穿在腳上，踏在沙裡，才發現它傳承上千年的價值。鞋底入沙，不滯礙、不滑溜，彷彿是沙的一部分。腳抬起時，沙粒即從兩邊透空縫隙滑出，腳趾乾乾淨淨，不沾黏沙塵，輕盈柔軟，通風透涼，這樣的鞋，是可以走過這八月烈日下四十公里長的鳴沙山了。

鳴沙山下有月牙泉，在金色起伏的沙丘間，一汪碧綠透亮

泉水。彎彎的月牙，搭配著沙丘優美弧線，像是古老阿拉伯湛藍夜空裡的新月，安靜、纖細、純粹，是每個夜晚一千零一夜故事的開始。「沙不涸泉，泉不掩沙」，上千年來往過的人都留下了對這奇蹟風景的描寫。如同佛弟子合十微笑，聽了一段梵音經文，除了歡喜讚歎，好像沒有多餘的言語。這樣乾淨的沙，這樣乾淨的泉水，這樣乾淨的僧侶穿著踏過沙丘和泉水的麻線鞋，使我覺得腳趾和步履都一樣潔淨了起來。

走到沙丘高處，遠眺月牙泉。遊客遠了，言語笑聲遠了，可以聽到風中鳴沙，很細微的叮嚀，像一種頌讚，也像心事獨白，腦海浮起敦煌二五四窟裡剛剛看過的薩埵那太子捨身飼虎的壁畫。

捨身

敦煌北朝的洞窟壁畫沒有後來唐代壁畫的華麗曼妙，剛剛傳入中土的古印度繪畫技法，和毛筆書法式的流暢線條非常不一樣。這些北涼北魏時期的壁畫，使人感覺到悲願激情交纏的宗教捨身情緒，色彩濃烈奔放，筆觸粗獷，造型莊嚴渾樸。二五四窟的〈薩埵那太子捨身飼虎〉是北魏壁畫的傑作，一點也不遜色於歐洲文藝復興米開朗基羅西斯汀教堂的〈最後審判〉。兩者都以肉身的墮落與流轉為主題，肉身升降浮沉，紫藍赤赭鬱暗的天地山川，彷彿在渾沌未開的時間與空間裡，肉身對自己的存在還如此茫然。發願、墜落、捨身，薩埵那太子和米開朗基羅筆下〈最後審判〉的肉身救贖一樣，深沉思索生命本質的難題——肉身如何覺醒？以繪畫的形式展現哲學命題，兩者都是曠世鉅作，只是敦煌北魏壁畫的工匠沒有留下姓名，早米開朗基羅一千年，在幽暗洞窟深處，一樣是度化開示眾生的偉大圖像。

米開朗基羅依據使徒約翰〈啟示錄〉畫成〈最後審判〉，闡述基督信仰的肉身救贖。敦煌北魏畫工依據當時剛剛譯成漢文不久的《金光明經》，以佛陀本生故事解說肉身捨去的深沉命題，兩者有非常類似的美學品質。

金光明經

《金光明經》在北涼時代經中天竺的法師曇無讖譯成漢文，很快在民間流行，成為佛教說法布道的重要經典，也成為畫工依據創作洞窟壁畫的故事範本。曇無讖活躍在四世紀末至五世紀初，從印度到罽賓、鄯善、龜茲，大概跑過了古絲路今日喀什米爾、阿富汗、克孜爾、樓蘭一帶，一直穿過河西走廊，到了敦煌。北涼的皇帝沮渠蒙遜很看重他，奉為國師，使他譯經，但似乎更看重的是他通咒語法術的神奇能力。當時的人以為曇無讖可以「使鬼治病，婦人多子」。後來曇無讖聲名遠播，連北魏的世祖拓跋燾也依仗國勢強盛向沮渠蒙遜要人，蒙遜以為曇無讖私通外國，也懼怕他為他人所用，就謀害了曇無讖，死時才四十八歲。

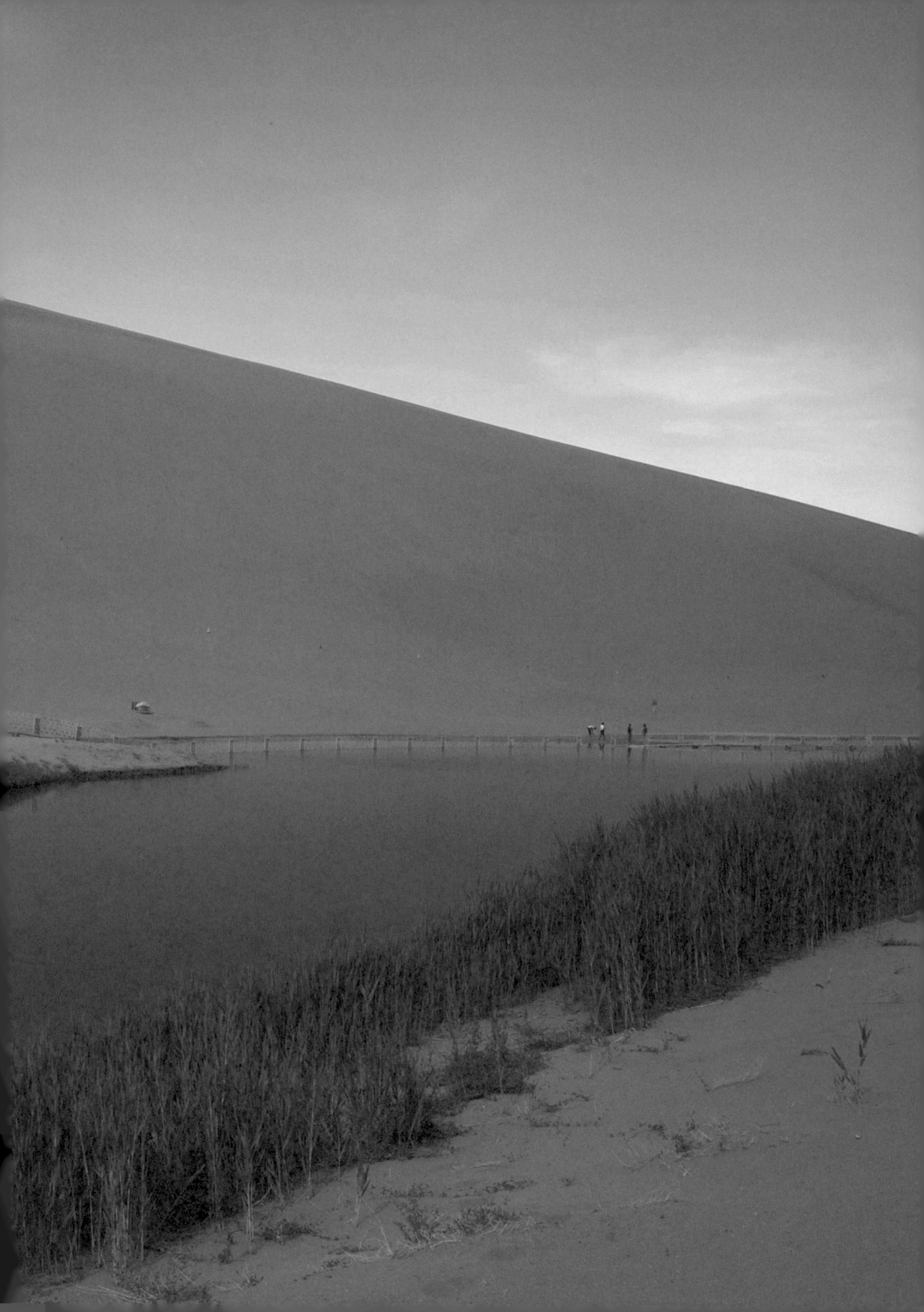

許培鴻攝影｜敦煌月牙泉

北朝初期傳佛法的印度僧侶生平都像神祕傳奇，像鳩摩羅什，像曇無讖，在絲路漫漫黃沙長途間流浪，從一個國度到另一個國度，出入於世間塵俗慾望與佛法之間，曇無讖在鄯善國因為私通公主而出亡，羅什最後被呂光逼著成婚，強納十名女伎，淫、酒毀戒。據說他曾經當眾僧面前吞食一缽鋼針，表明自己未離佛法。

他們來世間是為了傳法，而他們肉身最終都不能守世間的戒律，牽連在複雜情慾與政治的瓜葛中，羅什與無讖都不是以外在世俗規範證道的高僧，然而他們譯出的經文美極了，尤其是羅什，譯文可以傳誦至今，比美漢文裡最優美的詩賦。讀他譯的《金剛經》，可以把哲學論述的繁難譯成單純詩句的格律，彷彿讀詩，不覺得是在理解宗教經典，令人歎為觀止。曇無讖約比羅什晚二十年，他的譯筆

鳩羅摩什像

從《金光明經》來看，繼承了羅什的風格，兼具敘事與偈頌的交錯，漢譯文義與梵音咒語同時並存，創造了獨特的文體。今日東亞一帶信眾讀《心經》「觀自在菩薩行深般若波羅蜜多」時，依然是漢譯與梵音並存，使文字的閱讀介於理解與聲音聆聽之間。或許當時信眾不完全是漢族，古絲路一帶，諸多種族雜處，羅什、無讖本身都來自印度，又經歷各個不同語言地區，因此保留了語言的多樣性。廣大信眾，識字者不多，經文多由僧侶宣講解讀，因此曇無讖的《金光明經》中大量使用四字一句的韻文偈頌，如〈鬼神品第十三〉，以長達四百多句的四字韻文唱誦。當時僧侶為信眾高聲念誦，語言鏗鏘，疊字疊韻。「是身不堅，如水上沫，是身不淨，多諸蟲尸。是身可惡，筋纏血塗，皮骨髓腦，共相牽連」，薩埵那太子捨身前的獨白，如歌如訴，信眾聆聽，來自僧侶肺腑呼吸，肉身共鳴，或許比文字的閱讀更有感染力量。《金光明經》一共十九品，其中〈功德天品第八〉完全以漢字音譯灌頂咒語，如果只通漢語，其實無法理解內容，是最純粹的聲音讚頌。無讖似乎比羅什更接近咒語的神祕信仰，當時他也的確有「大呪師」的稱號。

《金光明經》當時在民間廣為流傳的是其中〈流水長者子品第十六〉和〈捨身品第十七〉，都是佛陀在王舍城為弟子追憶自己往昔前世的兩段故事。經中說的是「往昔因緣」，我們的肉身，有一天或許都將是「往昔因緣」吧。「流水長者子」是看到池水乾涸，十千條魚將死，流水長者子發願以二十頭大象載水，濟度魚群。

捨身品

〈捨身品〉敘述的就是薩埵那太子捨身飼虎的故事，敘事情節如同小說，引人入勝，成為北朝當時最普遍流傳的繪畫主題。故事說國王羅陀有三名太子，大太子波納羅，二太子提婆，三太子就是薩埵那（也譯為薩埵）。三人到園林遊戲，偶遇一虎生產，生下七隻小虎，因為沒有食物吃，無法哺乳，「飢餓窮瘁，身體羸瘦，命將欲絕」，母虎與七隻小虎都即將餓死。大太子波納羅告訴薩埵那說：「此虎唯食新熱血肉——」「新熱血肉」使人想起割肉餵鷹的尸毗王，古印度的捨身都從這麼真實的「新熱血肉」開始，而這四個字似乎不常見於儒家經典，當時初譯為漢文，不知對漢族的知識分子是否有極大震撼。

面對一群餓虎，有人願意把肉身給虎吃嗎？大太子波納羅說：「一切難捨，不過己身。」一切最難捨棄的不過就是自己的肉身吧！這是大太子的當下領悟。二太子接著說：「以貪惜故，於此身命，不能放捨！」是的，我們對自己的肉身都有這麼多貪惜，看到其他生命受苦，自己有悲憫，卻無法放捨。〈捨身品〉用了極特殊的敘事方式忽然轉入三太子薩埵那的發願——「我今捨身，時已到矣——」

我們其實很難理解薩埵那捨身的動機與邏輯，對漢族儒家教育而言，人與虎是對立的，只有「武松打虎」，卻絕無人捨棄肉身救虎的可能。

故事宣講至此，廣大信眾起了好奇。為什麼？為何一個養尊處優的皇室少年，萌生了用自己的肉身餵給老虎吃的念頭。經文裡也有「何以故？」三個字的問句。聽講大眾都在等著答案。

薩埵那的思考不是從悲憫老虎開始，他想的是自己的肉身處境：「處之屋宅，又復供給衣服、飲食、臥具、醫藥、象馬、車乘，隨時將養，令無所乏，我不知恩，反生怨害，然復不免無常敗壞，是身不堅，無所利益，可惡如賊——」「若捨此身，即捨無量癰疽、瘭疾，百千怖畏——」他有了對自己不堅固的肉身最徹底的反省——「是身不堅，如水上沫，是身不淨，多諸蟲尸。是身可惡，筋纏血塗，皮骨髓腦，共相牽連——」

那個敦煌二五四窟壁畫的畫工也在現場聆聽故事宣講吧，他也想到了自己的肉身，這麼多憂愁煩惱，筋纏血塗，皮骨髓腦，這個不堅固也不乾淨的肉身究竟要做什麼？

還至虎所，脱身衣裳，置竹枝上——

薩埵那怕哥哥們阻止，支遣他們離開，回到老虎陷身的懸崖，脱去衣服，放在竹枝上。畫師聽著僧侶宣講，構思他的畫面了。

他開始在空白的牆壁上勾勒出輪廓，薩埵那跪在地上，高舉左臂，右手當胸，發了捨身的大誓願。經文的描述有很多細節，薩埵那在要跳下懸崖之前，忽然想到老虎已經多

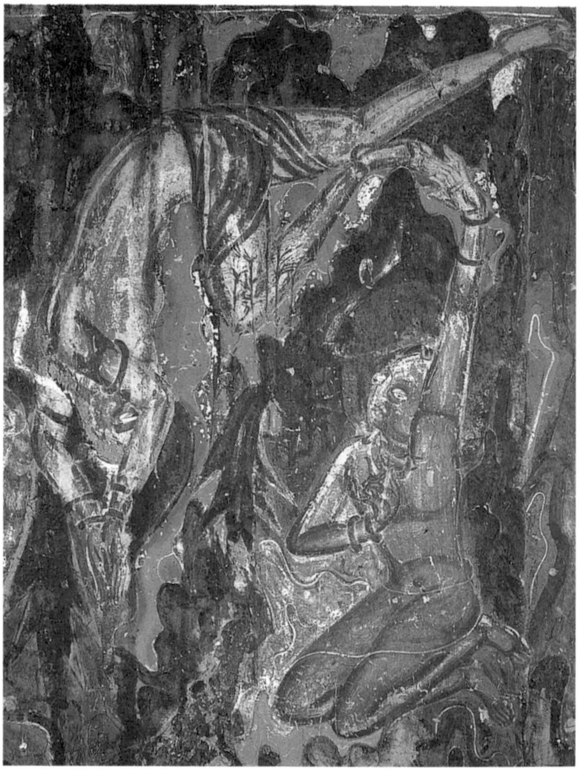

日沒有食物，身體羸瘦，已經沒有力氣行走，即使跳下懸崖，牠們也無法前來吃我，薩埵那因此想了一個辦法，用乾竹枝刺斷頸脈，讓血流出，方便老虎可以舐血，恢復體力，再噉食骨肉。

這是經文最聳人聽聞的一段吧，畫師眼中有了熱淚，他或許陷入沉思——「原來捨身是要有如此勇猛的誓願啊！」—畫師在空白牆壁上勾勒了第一個薩埵那的形象「即以乾竹刺頸出血，於高山上，投身虎前，是時，大地六種震動——」，壁畫中薩埵那右手正以竹刺頸，高舉的左手，連接著第二個向懸崖跳下的動作。

據說那時洞窟裡幽暗，洞口外的光照不進來，畫工有時用蠟燭火炬照明，也有時洞窟深處，氧氣不足，無法燃火，又怕燭火熏黑牆壁，便用小鏡片折射戶外的光，牆壁上閃爍一片鏡光，畫工在這一片光裡畫畫。

薩埵那雙手合十，縱身向下跳，他的姿態像今日跳水台上的選手，少年的身體赤裸，手臂上有手鐲，原來肉身的粉紅，年代久遠，變成暗赭色，輪廓的線條也氧化成粗黑，好像這身體要在空中經歷時間劫難，斑剝漫漶，一點一點消逝泯滅，然而在終歸夢幻泡影之前，還有最後的堅持，停格成牆壁上一片不肯消失的痕跡。

畫工用停格分鏡的方法處理了薩埵那連續的三個動作——「發願刺頸」、「縱身投崖」、「捨身飼虎」。

時間的停格彷彿大地六種震動，薩埵那肉身背後是石綠色和赭紅的起伏山川大地。

時間與空間混沌渺茫，赤裸的肉身自無數無邊無量劫來，要在此時此地與自己相認了。

亞洲的石窟藝術在公元五世紀前後的成就是世界美術史的最高峰，然而這些無名無姓的畫工，留在幽暗石窟裡的輝煌作品，或許只是他們以身證道的一種修行吧！

他們其實是無數個薩埵那，肉身橫躺在永恆的時間裡，讓虎前來噉食，「骸骨髮爪，布散狼藉，流血處處」。近年

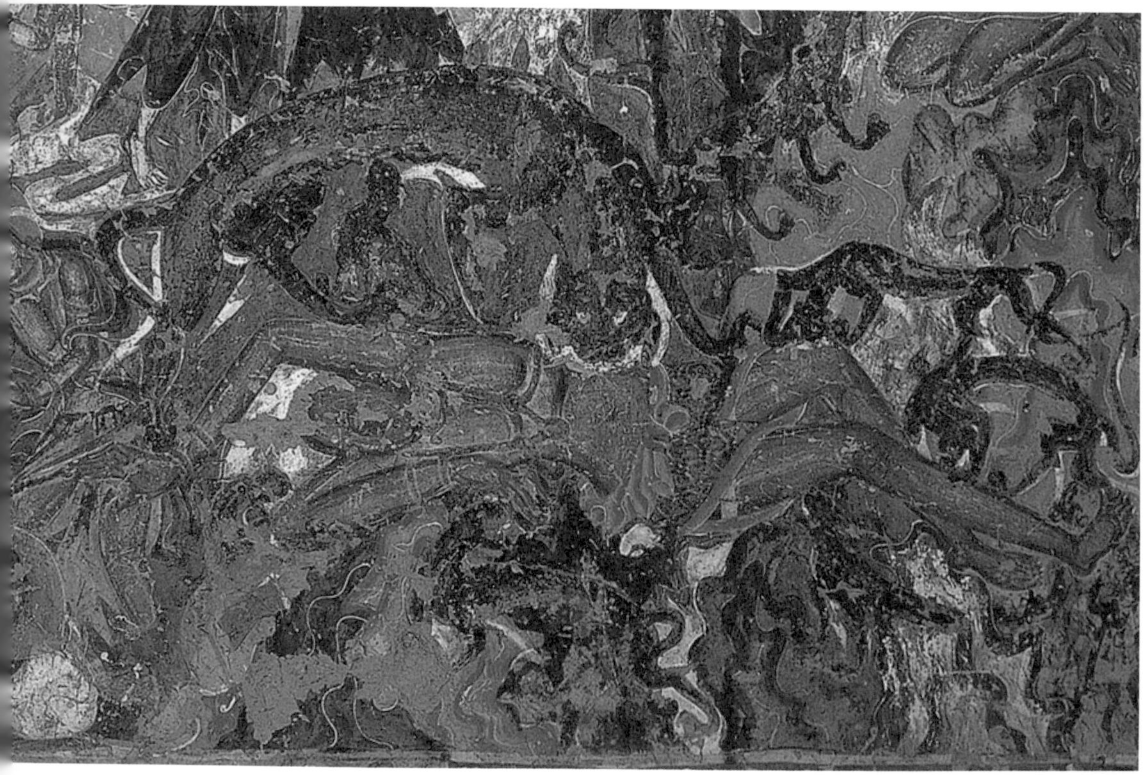

薩埵那太子以身飼虎

敦煌石窟清理出當年畫工的居所，是比他們創作壁畫的洞窟還要窄小的石洞，晚間，工作一日的疲憊身體，就窩在那僅可屈膝容身石棺大小的洞中睡眠，然而或許他們羸瘦的面容在睡夢中是有飽滿的笑容的吧。

薩埵那最後的一個停格是橫躺在大地上，一頭母虎在噉食腰部，兩頭幼虎在啃食大腿。捨身者的身體像優美舞姿，一手後伸，仰面向天，完全像米開朗基羅「聖母抱耶穌屍體」雕像橫躺在聖母懷中的基督。紫藍、石綠、赤赭，斑爛華麗。經文裡說薩埵那母親在夢中感應到太子捨身，她在夢中「兩乳汁出、一切肢節、痛如針刺」，「雙乳被割，牙齒墮落」，印度初傳中土的文學如此情感濃烈，如同當時壁畫，燦爛濃郁，愛恨糾結纏縛，肉身的省悟都在當下，沒有推拖。

《金光明經》用了長篇偈頌重唱整篇故事，把原來敘事的情節整理成詩的詠歎。

敦煌石窟像一幕一幕未完的「往昔因緣」，天花繚亂。因為長途顛簸，肉身疼痛，夜晚難眠，在旅店休息，脫去腳上穿了一天的麻線鞋，在床邊靜坐，呼吸調息。腦海浮現薩埵那連續的發願、跳崖、捨身。浮現薩埵那赤裸的腳，面前並排整齊放置的一雙鞋，忽然彷彿似曾相識，也是不可知的往昔因緣嗎？

北魏時期完成的第二五四號窟壁畫爲敦煌石窟的傑作之一。

二五四號窟的畫師採用向心式的的繪畫結構，以組合畫方式，突顯出一個核心情結，其他情結則穿插在四周，與核心畫面有著一定的關連性。

這樣的敘事結構創造出一種全新的繪畫景觀。

在「薩埵那太子捨身飼虎」中，畫面以母虎吞食太子爲核心，薩埵那太子刺頸、跳崖動作有如連環漫畫，肢體延伸、彎曲流露出莊嚴的宗教氣息。

全圖結構嚴謹，敘事流暢，以暗茶色爲基調，配以青、綠、灰、白色，色彩濃烈奔放，筆觸粗獷，造型渾樸，烘托出肅穆氣氛，以悲壯之美述說一個殘忍的捨身故事，突顯出本生故事中欲強調的宗教精神體悟。（編者誌）

尼泊爾三大聖地之一「南無布達」(Namo Buddha)，相傳爲佛陀有一世捨身飼虎之地。入捨身崖前的牌樓上鑲有壁畫，內容與漢傳的佛陀本生故事略有出入，畫面中薩埵那太子拿刀從身上一片一片割下肉來餵給老虎吃；技法樸拙，接近歐洲中世紀由民間工匠處理的宗教畫，不計較技術細節的合理，卻十分感人。（編者誌，攝影．林煜幃）

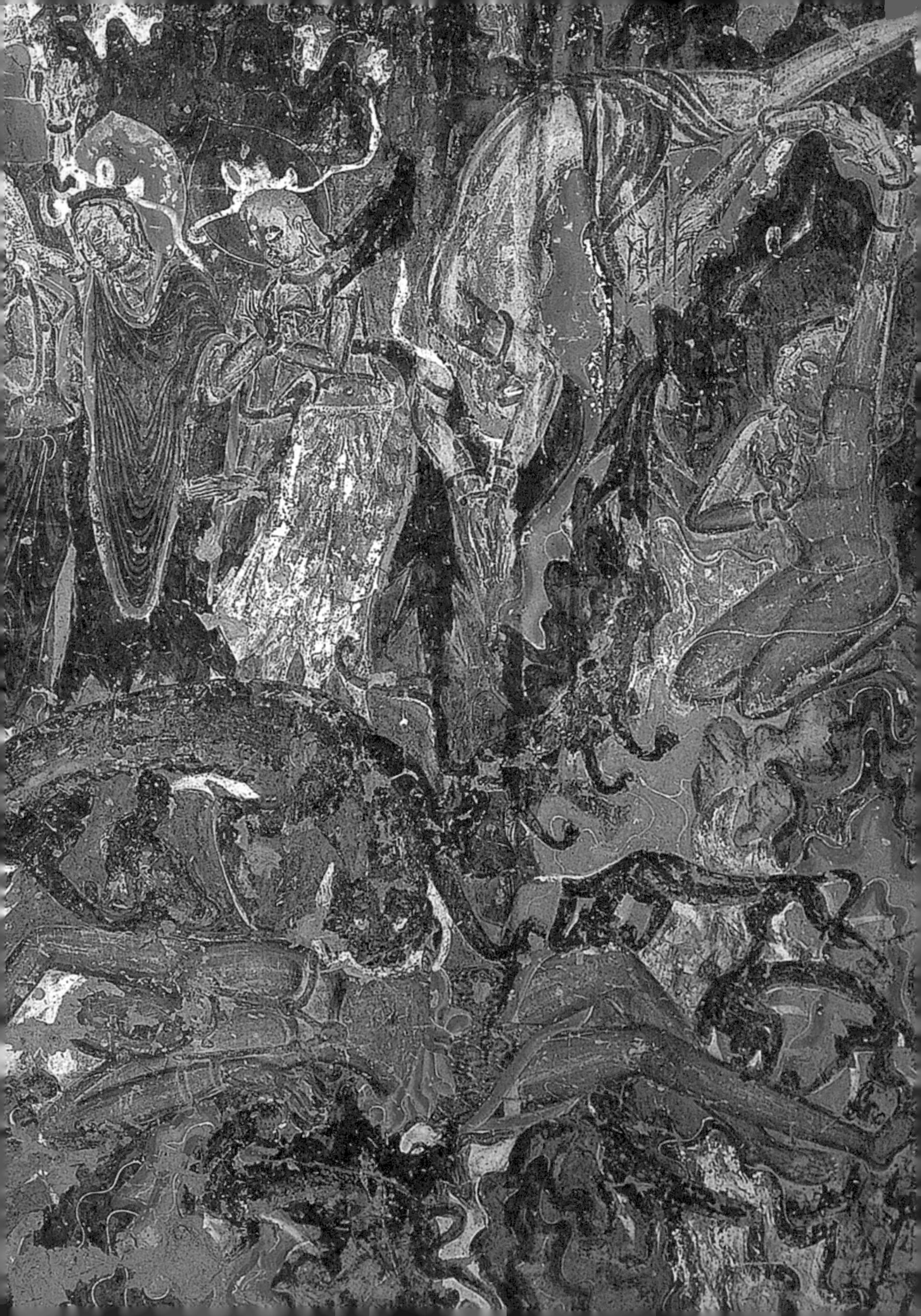

二五四窟｜薩埵那太子捨身飼虎全圖

後記

這本書的集結有比較長的因緣——

二〇〇〇千禧年，我開始發表一系列有關人體美術的文字。

其實，思考這個問題可能更早。一九八〇年代，我在台大城鄉所授課，整理了「中國美術史芻論」，其中一章，提出了中國上古美術史「人的缺席」的問題。也同時比較了古代埃及、印度、希臘，幾個古文明的美術作品對待身體的不同態度。

美，或許並不是一個孤立的現象。

每一個文明豎立起來的人體雕像，其實是他們思考自己肉身存在價值的結果。

古代埃及人，並不是為了「藝術」製作雕像。他們的「雕像」是肉身的延續。因為肉身會腐爛朽壞，所以用堅硬的花崗岩雕成人像，代替肉身，成為不朽。

中國古代的「俑」，也不是為了藝術的目的做的，「俑」都是活人陪葬的肉身替代品。成千上萬的「俑」，埋在深暗的陵墓裡。他們不是藝術品，也不是為了給人觀賞。他們是在陰靈的另一個世界供主人驅遣的奴隸、僕從、兵士、百官、姬妾的肉身。因為盜墓，因為考古發掘，這些肉身才被看見了，放在博物館，成為「藝術品」。

千禧年，陸續發表的圍繞肉身美學的文字，除了埃及、希臘、印度，也加進了兩河流域、基督教中古歐洲、以及中國魏晉時期的人體美學思考。

大約一系列寫了十餘篇，因為懶散，也沒有繼續寫下去。

一晃十年，二〇一〇年底，急性心肌梗塞，送台大急診，在加護病房住了幾天，接著，因為心臟缺氧時肌肉局部壞死，二〇一一年，做了長達半年的復健。

在醫院，思考肉身，當然有了與美術史角度不一樣的反省。

趕到急診室的嘉哲、佳君，丟下嘉義演講趕回台北的懷民，一直在病床邊陪伴的羅斌，都與我有宿世的肉身緣分吧。

出院之後悔之、恩仁、思敏，都常來看我。談起肉身受苦，各人都有各自的經驗。同時知道惠美、旭原也恰好正在親人肉身旁做他們要做的功課。

教我用電腦的聖哲，多年不見，多了兩個女兒，他竟也經歷了骨肉之痛的一些熬煎。

也許是一些看不到的緣分，使我們聚在一起，交換了各自做肉身功課時的心事吧。

我復健結束，因此又陸續拾起了丟下多年的關於肉身美學的書寫。

角度轉到中國敦煌石窟壁畫裡有關捨身的故事。配合古老的經文，我重新記憶起在幽暗洞窟裡看到的尸毗王，端正坐著，為了救一隻鴿子，把身上的肉，一片一片割下來，餵給老鷹吃。還有薩埵那太子，從懸崖投身躍下，粉身碎骨，把肉身餵給飢餓的老虎吃。

肉身的覺醒，寫到這裡，會不會是一個句點？我不知道。

在急診室，上了麻藥，做心導管手術，導管插入動脈，我痛到驚叫一聲，我聽到醫生說：「好了，最痛就這麼痛。」

那年輕的醫生叫林彥宏，我病癒去看他，連感謝的話也沒有說，肉身的緣分，或許心中默默記著吧。他忙著為人治病，也不會看到這篇後記。

我卻一直記得他安慰我的話——最痛，就這麼痛了。

這麼平實的一句話，卻或許使在受苦中驚慌恐懼的肉身有了安定的力量。

因此，這本書或許是一本感恩的書，感謝許許多多相識或不相識的有肉身緣分的人。

煜幃安安靜靜處理文稿編輯的一封封信件，正寰策劃出版通路的費心，也都在此一併感謝。

此時此刻，肉身還在，還有牽掛不捨，就還是要回到人間，要一一還報肉身的緣分。

二〇一一年九月十五日中秋後二日
蔣勳記於八里淡水河邊

攝影者簡介

許培鴻

一九六五年生於台北。攝影作品廣泛涉獵於藝術、人文、地理等，曾為多位世界知名藝術家如馬友友、多明哥等人創作，亦曾受荷蘭、美國政府邀請，紀錄當地生活與大自然風貌，更前往印尼亞齊省海嘯災區，以及中國四川汶川地震災區進行重建專案拍攝。

二〇〇三年，受到文學大師白先勇青睞，開始為經典大戲青春版《牡丹亭》與新版《玉簪記》掌鏡，八年來記錄上百場青春版《牡丹亭》演出，足跡遍及全球各大都市，為中國古老而經典的崑曲表演藝術留下珍貴影像，開創戲曲史上新紀錄。

許培鴻曾在台北、香港、北京等地舉辦多次大型攝影展，著有戲曲系列《牡丹亦白》《驚夢、尋夢、圓夢》等；旅行系列《張望180度的天空，蒙大拿》《荷蘭詠嘆調》等；人文系列《愛在亞齊》。

許培鴻個人網頁：www.hphp.idv.tw

謝旺霖

現就讀政大台文所博士班，獲二〇〇四年雲門舞集「流浪者計畫」而前往西藏單車之旅，所寫成的《轉山》成為新世代文學與人生追尋的代表之作。

本書中之畫作、書法俱為蔣勳作品。除註明攝影者之作品外，其餘視覺影像由有鹿文化、楊智明、王潭深等多人攝影或提供。

此生——肉身覺醒
作者：蔣勳

封面・美術設計　黃聖哲
攝影　許培鴻・謝旺霖 等
文字校對　蔣勳・謝恩仁・林煜幃
董事長　林明燕
副董事長　林良珀
藝術總監　黃寶萍
執行顧問　謝恩仁
社長　許悔之
總編輯　林煜幃
副總經理　李曙辛
主編　施彥如
美術編輯　吳佳璘
企劃編輯　魏于婷
策略顧問　黃惠美・郭旭原・郭孟君
顧問　施昇輝・林子敬・謝恩仁・林志隆
法律顧問　國際通商法律事務所／邵瓊慧律師

出版　有鹿文化事業有限公司
地址　台北市大安區信義路三段一〇六號十樓之四
電話　〇二—二七〇〇—八三八八
傳真　〇二—二七〇〇—八一七八
網址　http://www.uniqueroute.com
電子信箱　service@uniqueroute.com
總經銷　紅螞蟻圖書有限公司
地址　台北市內湖區舊宗路二段一二一巷十九號
電話　〇二—二七九五—三六五六
傳真　〇二—二七九五—四一〇〇
網址　http://www.e-redant.com
ISBN　978-986-6281-22-8
初版　二〇一一年十月一日
初版第十次印行　二〇二〇年七月十五日
定價　三八〇元

國家圖書館出版品預行編目 (CIP) 資料

此生一 肉身覺醒 / 蔣　勳著
-- 初版 . -- 臺北市 : 有鹿文化 , 2011.10
面 ; 公分 . -- (看世界的方法 ; 26)
ISBN 978-986-6281-22-8(平裝)

184.1　　100018111